일잘러로 등극하는
비즈니스 영어 수업

일잘러로 등극하는
비즈니스 영어 수업

글로벌 기업 수석 매니저, 20년차 선배가 차근차근 알려주는
4주 실무 영어 프로그램

백원정 지음

BUSINESS ENGLISH CLASS

동양북스

프롤로그

"영어를 잘하는 법이 아니라, 영어로 일 잘하는 법"

한때 영어는 특정 부서의 언어였다. 무역팀, 해외영업팀, 글로벌사업부처럼 외국과 직접 소통하는 부서에서만 필요하다고 여겨졌다. 하지만 이제는 다르다. 기업의 규모나 산업군을 막론하고, 영어는 모든 직장인의 일상 속으로 깊숙이 들어왔다. 누구나 영어로 이메일을 쓰고, 회의에서 짧게 말하고, 업무 내용을 간단히 공유해야 하는 시대다.

게다가 이제는 챗GPT 같은 AI 도구 덕분에 영어 실력 자체가 더는 큰 장벽이 아니다. 번역, 문장 다듬기, 이메일 초안 작성까지도 AI가 도와준다. 그러나 아무리 기술이 발전해도 대신해 줄 수 없는 것이 있다. 바로 '실전 경험'이다.

AI는 문장을 써줄 수 있지만, **어떤 상황에 어떤 말을 꺼내야 할지, 어떤 뉘앙스로 전달해야 할지**, 그 판단은 결국 내가 해야 한다. 많은 사람들이 영어 앞에서 막히는 이유는 실력이 부족해서가 아니라, **실제 회사에서 영어가 어떻게 쓰이는지 배운 적이 없기 때문이다.**

나는 지난 20년간 국내외 기업에서 외국인 동료들과 매일같이 영어로 일해 왔다. 아침엔 영어 이메일을 쓰고, 오후엔 회의에서 의견을 조율하며, 퇴근길엔 스몰토크로 하루를 마무리했다. 그렇게 매일 영어를 '업무처럼' 사용하면서 확실히 알게 된 게 있다. **영어는 언어가 아니라 업무의 일부라는 것.** 따로 배워야 할 '지식'이 아니라, 일하면서 몸으로 익히는 '감각'이라는 것이다.

이 책을 집어 든 당신이라면, 아마 영어에 대한 기본기는 갖춘 사람일 것이다. 외국계 기업 입사 제안을 받았지만, '내 영어가 그 정도는 아닌데…'라는 생각에 망설이고 있을 수도 있다. 외국인을 만나면 기초 회화는 되지만, 비즈니스 영어는 써 본 적이 없어 막연한 두려움이 들지도 모른다.

하지만 내가 경험한 바로는, **미국인을 제외한 거의 모든 사람들은 영어를 '그저 그렇게' 쓴다.** CNN 앵커처럼 완벽한 영어를 구사하는 사람은 드물고, 대부분은 영어를 단지 '업무 도구'로 쓸 뿐이다.

영어를 잘한다는 건 유창하게 말하는 것이 아니라, **자기가 하고 싶은 말을 영어로 분명하게 전달하는 능력**이다. 발음이 좋으면 물론 좋지만, 발음이 조금 어색해도, 어려운 단어를 몰라도, 업무를 잘 해내는 사람들은 많다. 일을 하다 보면 자연스럽게 관련 표현도 익히게 되니, 너무 걱정하지 않아도 된다.

물론 외국계 기업의 팀장급이나 중간 관리자급은 일정 수준의 영어 실력이 요구되기도 한다. 해외 지사와 직접 커뮤니케이션을 하고, 컨퍼런스콜을 주도해야 할 수도 있다. 하지만 막상 실무에 들어가 보면 전혀 다른 현실이 펼쳐진다. 회화시험이나 자격증 공부와는 달리, 실무 영어는 화려한 문장이 아니라 **상황에 딱 맞는 한마디**, 유창함보다 **빠르고 정확한 전달력**이 훨씬 더 중요하다. 그렇게만 해도 충분히 해낼 수 있다.

이 책은 바로 그런 실전 경험에서 출발했다. '영어를 잘하는 법'이 아니라, '영어로 일 잘하는 법'을 알려주는 실전 매뉴얼이다. 토익 점수나 원어민 발음보다 중요한 건, 현장에서 바로 써먹을 수 있는 단 한 줄의 문장이다. 그래서 이 책에는 **직장에서 바로 통하는 표현들**만 담았다.

이 책 한 권이면 영어 앞에서 더 이상 머뭇거릴 필요가 없다. 오히려 영어는 **당신의 업무를 더 날카롭고 정확하게 만들어주는 강력한 무기**가 될 것이다. 진짜 필요한 건 실전 경험이고, 그 경험은 내가 대신 겪고 정리해 두었다.

이제, 그 경험을 당신의 것으로 만들 차례다.

목차

프롤로그   5

1부
비즈니스 영어, 뭐가 다를까?
---

1. 일상 회화처럼 접근하면 안 돼!   13
2. 핵심만 짧고 정확하게 말해 보자   20
3. 복잡해 보여도, 결국은 패턴 게임!   25
4. 키워드만 잡으면, 문장은 저절로 따라온다   36

2부
4주 만에 끝내는 비즈니스 영어

1주차 | 마음을 여는 스몰토크의 힘

1. 왜 일보다 사람이 먼저일까?   45
2. 스몰토크의 시작은 영어 자기소개부터   51
3. 사무실 첫 대화를 여는 자연스러운 한마디   57
4. 외부 미팅에서도 통하는 스몰토크   63
5. 센스 있는 리액션이 분위기를 살린다   71
6. 부정적인 코멘트도 기회로 바꾸는 스몰토크 전략   78

2주차 | 프로 일잘러가 되는 이메일 치트키

1. 회신 속도는 제목이 결정한다?   87
2. Greeting! Dear, Hi, Hello... 다 같은 인사 아냐!   95
3. 프로 일잘러의 무기, 이메일 본문 Best 15   102

4	이메일, 끝맺음 한 줄이 인상을 좌우한다	110
5	일감을 줄여주는 회신 노하우 3가지	115
6	쏟아지는 이메일, 모두 답해야 할까?	121

3주차 | 글로벌 일잘러로 등극하는 영어 회의 치트키

1	긴장하지 말고 영어 회의 이렇게 시작하자	127
2	집중도를 높이는 회의 분위기 만들기	137
3	흐름을 조율하고 시간 효율 높이기	144
4	회의에서 끝나지 않게, 실행까지 이어지는 마무리	151

4주차 | 청중을 사로잡는 영어 프레젠테이션 비법

1	첫 문장이 발표의 흐름을 결정한다	161
2	어떻게 말하느냐가 설득력을 좌우한다	168
3	숫자와 그래프는 말로 어떻게 풀어낼까?	178
4	발표의 완성도를 높이는 마무리 한 수	187

3부
비즈니스 영어, 센스의 한 끗 차이

1	알고 있다고 착각하기 쉬운 영어 실수	197
2	친근함의 표현, 이모티콘은 어디까지 괜찮을까?	205
3	외국인도 헷갈리는 영어 문장 부호 사용법	208
4	영어 날짜 표기, 미국 vs. 영국	215
5	예의 있게 솔직해지고 싶을 때, "No offense, but…"	218
6	부재중 메시지도 센스 있게 써야 진짜 프로	221
7	모르면 은근히 민망한 숫자 표현의 함정	224
8	꼭 알아둬야 할 이메일 주소 읽는 법	230
9	사내 메신저, 너무 짧은 답변은 실례일까?	233
10	비즈니스 상황에서 자주 쓰는 영어 줄임말	236

1부

비즈니스 영어,
뭐가 다를까?

BUSINESS
ENGLISH CLASS

1

일상 회화처럼 접근하면 안 돼!

어느 날, 회사에 바이어가 직접 찾아왔다.

'설마 나한테 말을 거는 건 아니겠지?' 싶어 고개를 숙였지만, 숨을 곳은 없었다.

해외영업팀에 배치된 지 아직 두 달도 채 되지 않았고, 그날따라 담당자는 외근 중이었다. 사무실에는 나 혼자 남아 있었고, 다른 동료들도 각자 회의 중이었다.

회사는 최근 들어 쏟아지는 계약 문의로 눈코 뜰 새 없이 바빴고, 나는 그저 조용히 서류 정리나 하고 싶은 마음뿐이었다. 하지만 현실은 달랐다.

"잠깐 시간 괜찮으면, 저쪽 외국인 팀하고 미팅 좀 부탁할게요."

팀장님의 부드러운 말에 당황스러움이 밀려왔다.

회의실에 앉아 있는 외국인 고객들이 눈에 들어왔다. 영어로 직접 설명을 해야 하는 상황이었다. 비즈니스 영어가 뭔지도 아직 잘 몰랐지만, "못 하겠습니다."라고 말할 수는 없는 분위기였다.

회의실 문을 열고 들어서며, 나는 조심스럽게 입을 열었다.

나

Hello, this is Lily from the Overseas Sales Team.
안녕하세요. 해외영업팀의 릴리입니다.

상대방

Can you update me on the project status? Why is it delayed?
프로젝트 진행 상황을 알려주실 수 있나요? 왜 지연되고 있죠?

겨우 첫 인사를 나눈 참이었는데, 바로 본론이 이어졌다. 왜 늦어지는지, 언제쯤 될지, 상대방은 꽤 단호한 말투였다. 식은땀이 났다. 영어 회화 시간 때 배운 표현이 하나도 떠오르지 않았다. 이런 실전 상황을 연습해본 적은 한 번도 없었으니까.

Sorry, could you wait just a moment?
죄송하지만 잠시만 기다려 주실 수 있을까요?

불안한 마음에 억지로 미소를 지으며, 양해를 구하고 회의실 밖으로 나왔다.

자료를 서둘러 준비하고 있던 팀장님을 붙잡고 조심스럽게 말했다.

"팀장님… 뭐라고 말씀드려야 할지 모르겠어요."

팀장님은 잠깐 나를 보더니 조용히 웃으며 말했다.

"곧 들어갈 테니까, 편하게, 간단하고 확실하게만 설명해 주세요."

'간단하고 확실하게'가 대체 무슨 뜻일까. 점점 창피해지며, 순간 퇴사까지 고민하게 됐다. 회의는 계속 진행됐고, 다시 상대방이 물어왔다.

상대방

Why is the project delayed?

프로젝트가 왜 지연되고 있죠?

나

I'm sorry, I don't understand well. Well, the project is delayed because, um… we had some issues and…

죄송합니다, 제가 잘 이해를 못 해서요. 음… 프로젝트가 지연된 이유는, 몇 가지 문제가 있어서…

상대방의 표정이 굳기 시작했다. 눈빛에서 살짝 실망한 기색이 느껴졌고, 분위기가 서늘해졌다.

나는 당황한 나머지 "I'm sorry"만 반복했다.

그 순간, 회의실 문이 열리고 팀장님이 들어오셨다.

그리고 나중에 이렇게 말씀해 주었다.

"왜 미안하지? 미안하단 말을 그렇게 자주 하지 마세요."

그때는 알지 못했다. 내가 무슨 말을 했어야 했는지.

미안하다는 말이 아니라, 문제 해결 방법을 제시해야 했던 것이다.

I'll check the project status and let you know in a moment.
프로젝트 상태를 확인하고 바로 말씀드릴게요.

비즈니스 영어 핵심 3가지

1 • 분명하고 간결하게!

일상 대화에서는 자연스럽게 말을 이어가는 것이 좋지만, 비즈니스 영어는 다르다. 핵심은 길게 설명하는 것이 아니라, 필요한 정보를 빠르고 정확하게 전달하는 것이다. 바쁜 업무 환경에서는 시간이 곧 돈이다. 예를 들어, 해외 거래처에서 회의 시간을 확인할 경우 이렇게 답할 수 있다.

The meeting will be held on Wednesday as scheduled.
회의는 수요일에 예정대로 진행됩니다.

짧고 간결하게 필요한 정보를 전달하는 것, 이것이 비즈니스 영어의 기본이다. 괜히 진땀을 흘리며 미안해할 필요는 없다.

2 • 문제 해결이 중요하다!

일상 대화에서는 감정을 이해하고 공감하는 것이 중요하다. 하지만 비즈니스 상황에서는 감정보다 '문제 해결'이 우선이다.

Sorry, maybe around next week?
죄송하지만, 아마 다음 주쯤 다시 말씀드리겠습니다.

이런 식으로 미안하다는 말을 하면, 당장의 분위기는 부드러워질 수 있다. 하지만 고객이 진짜로 원하는 것은 구체적인 해결책이다.

I'll check the project status and get back to you.
프로젝트 상태를 확인하고 다시 연락드리겠습니다.

고객의 기대에 부응하려면, 명확한 계획과 조치를 제시하는 것이 가장 중요하다.

3 • 상황에 맞는 용어와 패턴으로!

친구나 가족과 대화할 때는 편하게 말해도 괜찮다. 하지만 비즈니스 영어는 다르다. 농담이나 캐주얼한 표현은 자칫 오해를 부를 수 있다. 특히 회사에서는 정확하고 중립적인 표현이 중요하다. 예를 들어, 친구

끼리는 이렇게 말할 수 있다.

The team is super slow. It drives me crazy.
그 부서 너무 느려서 돌아버리겠어.

하지만 비즈니스 자리에서는 보다 정중하고 객관적으로 표현해야 한다.

The team tends to take more time to complete tasks.
그 부서는 업무를 완료하는 데 시간이 다소 더 걸리는 편입니다.

회사에서는 가볍게 던지는 말 한마디도 신중해야 한다. 상대방이 듣기에 감정이 실린 말보다, 객관적이고 명확한 표현을 사용하는 것이 신뢰를 높이는 길이다.

TIP

진짜 비즈니스 영어란?

❶ **분명하고 간결하게 말해 보세요.**
말이 길어지면 오히려 더 혼란스러울 수 있어요. 핵심만 정확히 전달하는 게 중요합니다.

❷ **문제 해결을 먼저 제시해 보세요.**
사과하는 것보다 구체적인 해결책을 제시하는 게 더 신뢰를 줍니다.

❸ **상황에 맞는 표현을 골라 보세요.**
멋진 표현보다 명확하고 오해 없이 전달되는 표현이 더 효과적이에요.

2

핵심만 짧고
정확하게 말해 보자

문화적 차이 때문에 어색했던 경험, 누구나 한 번쯤은 있을 것이다. 나도 그랬다. 비즈니스 영어를 막 배우기 시작했을 무렵, 잊을 수 없는 굴욕(?)을 당한 적이 있다. 처음 만나는 외국인 바이어에게 정중하게 인사하고 싶었다. 그래서 머릿속에서 가장 공손한 표현을 골라 말했다.

It's an honor to meet you for the first time.
처음 뵙게 되어 영광입니다.

그런데… 상대방이 어딘가 의아한 표정을 지었다. 뭔가 잘못됐다는 걸 직감했다. 미팅이 끝나고 나서, 함께 있던 동료가 웃으며 말했다. "그럴 땐 그냥 Nice to meet you.라고 해. 그게 제일 자연스러워."

순간, 얼굴이 화끈 달아올랐다. 너무 격식을 차리다 보니 오히려 부자연스럽고 거리감만 생긴 것이다.

그날 이후로 나는 배웠다. 비즈니스 영어의 핵심은 '고급 어휘'나 '멋진 표현'이 아니라, 간단하고도 정확한 말 한마디라는 것을.

처음 미국 고객에게 이메일을 보낼 때도 비슷한 실수를 했던 기억이 있다. 처음이니만큼 영어 실력을 좀 보여주고 싶은 마음이 컸다. 그래서 비즈니스 이야기를 꺼내기 전에, 굳이 주말에 있었던 가족 모임 얘기부터 꺼냈다.

지금 생각해보면 참 왜 그랬나 싶다. 그때 내가 보낸 이메일은 이런 식이었다.

> **Dear July,**
> **I hope this message finds you well.**
> **I had a busy weekend attending a family reunion and have been quite occupied with several upcoming projects at work. It's been a bustling period, but I am excited about the developments.**
> 이 메시지가 잘 전달되길 바랍니다. 저는 주말에 가족 모임에 참석하느라 바빴고, 직장에서 다가오는 여러 프로젝트로 꽤 바쁘게 지내고 있습니다. 분주한 시기이지만, 앞으로의 발전이 기대됩니다.

> **Now, regarding our business proposal…**
> 이제, 사업 제안과 관련하여…

그때는 그게 정성스러운 이메일이라고 생각했다. 하지만 돌아온 답장은 딱 두 줄이었다. 뭔가 허탈했다. 나중에 알게 됐다. 비즈니스 이메일에서는 개인적인 근황보다 핵심에 바로 들어가는 것이 훨씬 더 자연스럽고 효과적이라는 걸.

예를 들면, 이런 식이다.

I hope you're doing well. I'd like to follow up on our project discussion.
잘 지내고 계시길 바랍니다. 프로젝트 논의 건에 대해 다시 한번 말씀드리고자 합니다.

짧고 간결하게, 그리고 바로 요점으로. 이게 바로 비즈니스 이메일의 기본이라는 걸, 나는 그제서야 깨달았다.

생각해보면 이런 문화 차이에서 오는 어색한 경험은 한두 번이 아니었다.
한번은 외국인 고객과 엘리베이터에서 마주쳤을 때, 괜히 한국에서 하듯 인사를 건넸다.

Did you have lunch?

식사하셨어요?

그랬더니 그가 진지하게 되묻는다.

Not yet. Are you inviting me?

아직 안 했는데, 혹시 같이 먹자는 말씀이신가요?

그 순간, 어색한 공기가 머리 위에 뭉게뭉게 피어오르는 게 느껴졌다. 또 다른 날엔 회의가 끝난 뒤, 웃으며 말했다.

You must be tired. Good work today.

고생하셨어요. 오늘 일 잘하셨어요.

그런데 돌아온 말은 예상 밖이었다.

Not really. It wasn't that hard.

아니요, 그리 힘들진 않았는데요?

그때서야 깨달았다. 한국에서는 일종의 예의처럼 쓰는 표현이지만, 영어권에서는 '진짜로 힘들었는지'가 중요하게 들린다는 것을. 그 뒤로는 이렇게 말했다.

Good job today.

오늘 수고 많으셨습니다.

짧지만 진심이 담긴, 그리고 과하지도 오해도 없는 표현.

이렇듯, 비즈니스 영어에서는 길고 정성스러운 말, 예의를 차리는 말보다 짧고 정확한 한마디가 더 큰 힘을 발휘한다. 상대의 시간을 아끼고, 마음은 오히려 더 잘 전해진다. 그래서 지금은, 짧게 핵심만 말하려고 한다. 그게 바로 진짜 소통이니까.

3
복잡해 보여도,
결국은 패턴 게임!

드디어 그날이 왔다.

회사에서 내게 해외 출장을 가라는 지시가 떨어진 것이다.

그것도 통역 담당이라니. '설마, 저요?' 속으로 소리쳤다. 현실감이 없었다. 내가? 진짜로?

사실, 회사는 요즘 정신이 없었다. 과장님은 계약 성사를 위한 중요한 미팅으로 하루가 모자랄 지경이었고, 팀원들도 각자의 업무에 파묻혀 있었다. 그런 와중에, '영어를 좀 한다'는 이유 하나로 내게 통역을 맡긴 것이다. 그 결정이 도무지 납득되지 않았다.

주변에서는 "우와, 해외 출장? 공짜로 여행 가네!"라며 부러워했지만, 나에게는 압박감이 훨씬 더 크게 다가왔다. 밤마다 이불을 걷어차며 '내가 과연 잘할 수 있을까' 걱정하느라 제대로 잠도 이루지 못했다. 그렇게 긴장과 불안 속에서 내 첫 번째 비즈니스 출장 준비가 시작되었다.

출장지는 튀니지. '튀니지? 아프리카?'라는 생소한 지명이 주는 거리감은 물론이고, '과연 영어가 통할까' 하는 걱정까지 겹쳐졌다.

제품 설치를 위해 엔지니어 한 분과 함께 비행기에 올랐는데, 알고 보니 그분은 영어를 전혀 하지 못했다. 순간, 진짜 통역은 나밖에 없다는 사실이 확 와닿았다.

하지만 도착하자마자, 그런 걱정은 무색해졌다.

눈부신 바다와 세련된 호텔, 그리고 로비에서 크루아상과 커피를 즐기던 유럽 출장자들의 모습이 펼쳐졌다. 정장을 입고 삼삼오오 대화하던 그들 사이에 있으니, 나도 모르게 긴장이 조금 누그러졌다.

'다들 나처럼 출장 온 걸까?' 그런 생각도 들었다.

그러나 현실은 금세 나를 다시 깨웠다. 현지 회사에 도착하니, 이미 몇몇 방문자들이 도착해 있었다. 한국인처럼 보여 말을 걸어봤더니, 그는 다른 업체에서 온 통역 담당자였고, 영어 실력은 그리 능숙하지 않아 보였다.

'결국 진짜 의사소통은 내가 해야 하는 거구나.' 그 생각이 더욱 실감 났다.

설치는 시작됐지만, 기계는 예상처럼 매끄럽게 작동하지 않았다.

그러던 중, 엔지니어가 나를 바라보며 영어로 상황을 설명해달라는 사인을 보냈다. 예상했던 장면이었다.

출장 전, 이런 상황이 분명 올 거라 생각하고, 과장님이 자주 쓰시던 표현들을 포스트잇에 정리해두었었다. 표현들 중 하나를 머릿속에서 꺼내듯, 조용히 입을 열었다.

그렇게 필요한 말들을 하나씩 꺼내며 소통하고, 엔지니어와 함께 조율을 이어갔다.

조금씩 기계가 반응을 보이더니, 서서히 정상 작동을 되찾기 시작했다. 이제야 뭔가 풀려간다는 느낌이 들 무렵, 본사로부터 연락이 왔다.

검수가 무사히 끝났고, 구매자 측에서도 입금을 완료했다는 소식이었다.

옆에 있던 엔지니어가 안도한 얼굴로 나를 바라보며 고마움을 전했다.

그제야 마음속에서 서서히 긴장이 풀려나갔고, '이제 정말 끝났구나' 하는 실감이 들었다.

두 번째 출장은 유럽이었다.

설렘과 두려움이 교차하는 가운데, 나는 제품을 소개하는 국제 전시회에 참가하게 되었다. 첫 출장 때의 경험이 머릿속을 스쳤다.

여전히 영어는 완벽하지 않았지만, 이번에는 적어도 어떤 일이 벌어질지, 어떻게 준비해야 할지를 알고 있었다.

그리고 이번에도 나를 도와준 건, 과장님이 평소 쓰시던 표현들을 적어둔 작은 포스트잇 메모들이었다.

외국인들이 부스에 하나둘 찾아오기 시작했다. 예상보다 빠르게 실전이 시작되었고, 나는 머릿속에 떠오르는 단어들을 붙잡아 문장을 만들었다.

비록 유창하진 않았지만, 상대의 눈을 보며 진심을 담아 말하자 그들도 경청해 주었다. 그때는 '진심이 통했다'고 생각했다.

하지만 지금 돌이켜보면, 그때 통했던 건 내 진심만은 아니었다.

고객들이 궁금해했던 건 제품의 특징, 가격, 장점 같은 구체적인 정보였고, 그걸 짧고 명확한 문장으로 전달했기 때문에 대화가 이어졌던 것이다.

예를 들어, 첫날 부스를 세팅한 뒤 주변을 둘러보다가 한 외국인 고객과 자연스럽게 대화를 시작했다.

나

Hello! Welcome to our booth. How are you?

안녕하세요! 저희 부스에 오신 걸 환영합니다. 좋은 시간 보내고 계시나요?

상대방

I'm good, thank you! How are you? Can you tell me about this product?

잘 지내고 있어요, 감사합니다! 당신은요? 이 제품에 대해 설명해 주시겠어요?

제품에 대해 설명할 때, 나는 준비해 두었던 문장을 떠올리며 또박또박 말했다.

나

Sure! This is our newest model. It helps improve efficiency and save costs.

물론입니다! 이 제품은 효율성을 높이고 비용을 절감하는 데 도움이 됩니다.

상대방은 이어서 가격을 물었다.

상대방

Can you clarify the pricing?

가격을 좀 더 명확히 설명해 주실 수 있나요?

이 질문에는 바로 답하기 어려웠지만, 당황하지 않았다.
대신 담당자가 직접 설명할 수 있도록 자연스럽게 미팅을 제안했다.

나

Can we meet this afternoon around 3 PM?

오늘 오후 3시쯤 뵐 수 있을까요?

상대방

Sure. That sounds good.

좋아요. 괜찮네요.

기회를 놓치지 않고 명함을 건넸다.

나

Here's my card. Contact me anytime.

여기 제 명함입니다. 언제든 연락 주세요.

상대방

Thank you. Here's mine.

감사합니다. 제 명함입니다.

사실상, 그때 통했던 건 결국 핵심을 정확히 전달한 한두 문장이었다.

이렇게 하나씩 대응해 나가며, 두 번째 출장도 큰 무리 없이 마무리할 수 있었다. 긴장은 여전했지만, 처음보다 훨씬 여유 있게 상황을 헤쳐 나갔다.

그리고 나는 그제야 깨달았다.

비즈니스 영어는 결국 '패턴'의 싸움이라는 걸.

프리토킹은 대화의 흐름을 예측하기 어려워 준비하기 쉽지 않다.

반면 비즈니스 영어는 제품을 소개하고, 가격을 설명하며, 미팅을 조율하는 등 일정한 흐름과 목적이 정해진 대화다. 이런 반복적인 상황에서는 몇 가지 핵심 표현만 익혀도 대부분의 경우에 충분히 대응할 수 있다.

물론 유창하게 말할 수 있다면 더없이 좋겠지만, 그보다 더 중요한 건 상황에 맞는 정보를 짧고 명확하게 전달하는 것.

이것만 기억해도, 어떤 상황에서도 당황하지 않고, 자신 있게 소통하며 업무를 처리할 수 있다.

업무 상황별 필수 비즈니스 영어 패턴 10가지

아래 패턴들은 신입사원이 업무에서 자주 마주하는 상황에 맞춰 정리되었으며, 실전에서 즉시 활용할 수 있다.

1 ∘ 첫 만남 인사

"Nice to meet you, [이름]."

처음 만나는 비즈니스 파트너나 고객과의 첫인사에 사용합니다.

▸ **Nice to meet you, John.**

존, 만나서 반갑습니다.

2 ∘ 미팅 제안 및 일정 확인

"Are you available on [날짜] at [시간]?"

새로운 미팅이나 회의를 제안할 때 사용합니다.

▸ **Are you available on June 15th at 2 PM?**

6월 15일 오후 2시에 만날 수 있을까요?

"Could you confirm the meeting time?"

이미 잡힌 미팅 시간 확인을 요청할 때 사용합니다.

▶ **Could you confirm the meeting time for our team call tomorrow?**

내일 팀 통화 시간 확인해 주실 수 있나요?

"When is the deadline for [업무/프로젝트]?"

특정 업무의 마감일을 확인할 때 사용합니다.

▶ **When is the deadline for the marketing campaign?**

마케팅 캠페인의 마감일은 언제인가요?

3 ○ 회의 시작 및 진행

회의를 시작할 때 사용합니다.

"Shall we get started?"

회의를 시작할까요?

다음 안건으로 넘어갈 때 사용합니다.

"Let's move on to the next agenda."

다음 안건으로 넘어가겠습니다.

4 ○ 의견 제시

"I think we should [의견]."

회의 중 의견을 제시할 때 사용합니다.

▸ **I think we should increase our marketing budget.**

마케팅 예산을 늘려야 한다고 생각합니다.

5 ◦ 추가 설명 요청

"Could you clarify [내용]?"

설명이 불명확할 때 추가 설명을 요청할 때 사용합니다.

▸ **Could you clarify the timeline?**

일정을 좀 더 명확히 설명해 주실 수 있나요?

6 ◦ 도움 요청

"Sorry to bother you, but could you help me with [내용]?"

바쁠 수 있는 상대에게 정중히 도움을 요청할 때 사용합니다.

▸ **Sorry to bother you, but could you help me with this Excel formula?**

바쁘신데 죄송하지만, 이 엑셀 수식 좀 도와주실 수 있나요?

7 ◦ 제안 제시

"One solution might be to [제안]."

문제를 해결하기 위한 제안을 할 때 사용합니다.

▸ **One solution might be to revise the budget allocation.**

예산 배분을 수정하는 것이 하나의 해결책일 수 있습니다.

8 ● 동의 표현

"I agree with your point about [주제]."

다른 사람의 의견에 동의할 때 사용합니다.

▶ **I agree with your point about improving customer service.**

고객 서비스 개선에 대한 당신의 의견에 동의합니다.

9 ● 진행 상황 업데이트

"I wanted to update you on the status of [업무/프로젝트]."

프로젝트의 현재 진행 상황을 알릴 때 사용합니다.

▶ **I wanted to update you on the status of the new software rollout.**

새 소프트웨어 롤아웃 진행 상황을 알려드리고자 합니다.

10 ● 피드백 요청

"Can I get your feedback on [내용]?"

의견을 요청할 때 사용합니다.

▶ **Can I get your feedback on the draft presentation?**

발표 초안에 대한 피드백을 받을 수 있을까요?

> **TIP**
>
> ## 비즈니스 영어가 어렵지 않으려면?
>
> ❶ **상황별로 자주 쓰는 표현을 미리 익혀 두세요.**
> 실무에서 자주 쓰는 표현을 알면 당황하지 않고 바로 대응할 수 있습니다.
>
> ❷ **중요한 표현은 포스트잇이나 메모로 정리해 보세요.**
> 눈에 잘 띄는 곳에 두면 필요할 때 바로 참고할 수 있습니다.
>
> ❸ **업무에 직접 써 보며 익숙해지는 것이 가장 중요합니다.**
> 처음엔 어색해도 반복하면 자연스럽게 입에 붙고 자신감도 생깁니다.

4

키워드만 잡으면,
문장은 저절로 따라온다

"아니… 이걸 언제 다 만드신 거예요?"

민지 씨는 눈을 동그랗게 뜨며 내 책상 위 A4용지 뭉치를 들여다봤다. 내가 출력해 둔 비즈니스 영어 표현 정리 파일을 우연히 본 것이다. 회의용, 제품 설명, 설치 지원, 업체 응대용 문장까지, 누가 봐도 '작정하고' 만든 자료였다.

"회의용은 이쪽이고요, 전시회 부스용은 여기 있어요."

내가 조용히 설명하자, 민지 씨는 감탄과 당황이 뒤섞인 얼굴로 말했다.

"진짜… 이 정도면 영어보다 정리력이 능력인 것 같은데요?"

하지만 사실, 처음부터 이렇게 체계적으로 정리하며 영어를 써온 건 아니었다.

나도 한때는 인터넷에서 찾은 몇 가지 비즈니스 영어 표현에만 기대어 '어떻게든 되겠지'라고 생각하곤 했다. 그런데 몇 번의 출장에서 말문이 막히고, 간단한 메일 한 줄을 쓰는 데도 사전을 수십 번 넘기게 되면서 생각이 달라졌다.

'언제까지 이렇게 불안할 순 없다. 내가 직접 준비하자.'

그 결심이 지금의 시작이었다.

그때부터 나는 자주 마주치는 상황에 맞는 표현들을 하나씩 정리해보기로 했다. 예를 들어, 회의가 예정돼 있으면 회의용 표현을, 고객사 방문이 잡히면 인사말과 제품 설명부터 준비하는 식이었다.

완벽한 문장을 말하는 게 목표는 아니었다. 오히려 짧더라도 정확하고 명확한 문장 하나가 실제 상황에서 훨씬 유용하다는 걸 몸으로 느꼈기 때문이다.

그렇게 실전에서 효과를 체감하면서, '정리하는 습관'은 자연스럽게 내 일의 일부가 되었다.

그렇다면 나는 구체적으로 어떻게 준비했을까?

핵심은 '복잡하게 만들지 않는 것'이었다. 처음부터 멋진 문장을 만들려 하기보다, 늘 스스로에게 이렇게 물었다.

"지금 이 상황에서 가장 중요한 단어는 뭘까?"

예를 들어, 유럽 전시회에 참가했을 때 가장 먼저 머릿속에 떠오른 단어들이 있었다.

quote, specification, feature, sample, lead time, MOQ, pricing, availability, catalog

이 단어들은 그 전시회에서 실제로 자주 언급될 법한 핵심 키워드였고, 나는 이 단어들을 중심으로 짧고 명확한 문장을 미리 만들어 두었다.

길고 복잡할 필요는 없었다. 핵심을 담은 문장 몇 개만 있어도 현장에서 충분히 대응할 수 있기 때문이다.

그때 실제로 정리해 둔 표현은 이런 식이었다.

- **Here's the quote for this model.** 이 모델의 견적서입니다.
- **Do you need the full specifications?** 제품 사양 전부가 필요하세요?
- **The key feature is energy efficiency.**
  핵심 특징은 에너지 효율입니다.
- **We can offer a sample for testing.**
  테스트용 샘플을 제공해 드릴 수 있습니다.
- **The lead time is around three weeks.** 납기는 약 3주 정도 걸립니다.
- **The MOQ for this model is 100 units.** 최소 주문 수량은 100대입니다.
- **I'll send you the pricing details via email.**
  가격 조건은 이메일로 보내드릴게요.
- **It's available for immediate shipment.** 바로 출고 가능합니다.
- **Here's our latest catalog with detailed information.**
  자세한 정보가 담긴 최신 카탈로그입니다.

이처럼 키워드를 중심으로 만든 간단한 문장만 준비해도, 예상치 못한 질문 앞에서 당황하지 않고 대화를 이어갈 수 있다.

실제로 그런 순간은 곧 찾아왔다. 전시회 첫날, 한 외국인 고객사 담당자가 부스를 둘러보다가 전시된 신제품을 가리키며 조용히 물었다.

This one… is it a new model?
이건… 신제품인가요?

질문은 짧았지만, 머릿속은 복잡해졌다. 제품의 최신 사양은 본사 자료를 확인해야만 알 수 있었기에 섣불리 답할 수 없었다.

그때 떠오른 단어 하나, feature. 기술적인 세부사항은 몰라도, 제품의 주요 특징 정도는 말할 수 있겠다는 생각이 들어 이렇게 답했다.

Yes, it's a new model. The key feature is improved energy efficiency.
네, 신제품입니다. 핵심 특징은 에너지 효율 향상입니다.

그 한마디 덕분에 시간을 벌 수 있었고, 곧이어 자연스럽게 제안했다.
Would you like to schedule a meeting?
미팅 일정을 잡고 싶으신가요?

이 질문으로 대화는 다시 이어졌고, 그날의 미팅은 성공적으로 마무리됐다. 준비해 두었던 문장들이 진짜 힘을 발휘한 순간이었다.

결국, 비즈니스 영어에서 중요한 건 '얼마나 많이 아는가'가 아니다.
얼마나 실용적으로 준비했는가, 그리고 자주 마주치는 상황에 맞는 표현을 얼마나 손에 익혔는가가 진짜 실력이다.
회사 일은 대부분 일정한 흐름을 따라 반복되거나, 상대만 바뀌는 경우가 많다. 그래서 처음에는 작고 조심스러운 준비였을지 몰라도, 어느 순간 그 준비가 흔들림 없는 대응력으로 바뀌어 있는 자신을 발견하게 된다.

TIP

나만의 비즈니스 영어를 만들려면?

❶ 핵심 키워드를 먼저 찾아보세요.

Meeting, Deadline, Feedback

❷ 키워드를 중심으로 짧고 명확한 문장을 만들어 보세요.

Can we schedule a meeting?
회의 일정을 잡을 수 있을까요?

The deadline is next Friday.
마감일은 다음 주 금요일입니다.

Could you share your feedback?
피드백 좀 주실 수 있나요?

❷ 자신 있게 쓸 수 있도록 미리 연습해 보세요.

2부

4주 만에 끝내는 비즈니스 영어

BUSINESS ENGLISH CLASS

1주차

마음을 여는
스몰토크의 힘

BUSINESS ENGLISH CLASS

1

왜 일보다
사람이 먼저일까?

"일이야 배우면 되죠."

처음 이 말을 들었을 때, 나는 고개를 갸웃했다.

막상 일터에 나와 보니 일이 왜 이렇게 힘든지, 하루에도 몇 번씩 한숨만 나올 뿐이었다. '배우면 된다'는 말은 너무 쉽게 들렸고, 나는 점점 지쳐갔다.

그런데 시간이 지나면서, 그 말의 진짜 의미를 알게 됐다.

일은 분명 배우면 된다. 하지만 비즈니스 세계에서 더 중요한 건 '일'이 아니라 '사람'이라는 사실. 문제는 엑셀도, 이메일도 아닌, 사람 사이의 미묘한 거리감에서 시작되곤 했다.

외국인들과 함께 하나의 프로젝트를 시작했던 어느 날이었다.

업무 자체는 그렇게 복잡하지 않았다. 그런데 이상하게 일이 매끄럽게 굴러가지 않았다. 다양한 국적의 사람들이 모이다 보니 말투 하나, 표정 하나에도 긴장감이 맴돌았다. 프로젝트는 착착 진행되는 듯 보였지만, 어딘가 불편한 기류가 사라지지 않았다.

그때 깨달았다. 지금 필요한 건 더 빠른 일처리가 아니라, '믿음'이라는 걸. 서로에게 안전하고 편안한 분위기를 만들어 주는 게, 일보다 더 시급한 일이었다.

매주 이어지는 미팅에서 나는 조금씩 변화를 시도했다.

업무 이야기만 던지고 끝나는 방식으로는 이 거리감을 좁힐 수 없다는 걸 느꼈기 때문이다. 그래서 어느 날, 아무렇지 않게 이렇게 말을 꺼내봤다.

Do you have any plans for the weekend?
이번 주말에 무슨 계획 있으세요?

예상보다 반응은 좋았다. 짧은 웃음과 함께 가벼운 대화가 이어졌고, 그 대화는 또 다른 질문으로 자연스럽게 연결됐다.

누군가의 주말 취미 이야기에서 시작된 대화는, 어느새 회의실 안의 공기를 바꿔놓았다. 아이디어도 더 편하게 오갔고, 의견 충돌도 훨씬 부드럽게 풀렸다.

일보다 사람이 먼저라는 걸, 그때 처음 실감했다.

문제가 생겼을 때 함께 앉아 머리를 맞대고 고민할 수 있는 사이.

그런 관계가 만들어지자, 일은 오히려 더 수월하게 풀렸다.

01
자연스럽게 대화의 문을 여는 한마디

How's your day going so far?
오늘 하루 어떠세요?

Any plans for the weekend?
주말에 계획 있으세요?

What do you like to do in your free time?
여가 시간에 주로 뭐 하세요?

    이런 질문들은 상대방과 자연스럽게 대화를 열 수 있는 기회를 만들어 준다. 영국에 있는 동료는 우리를 만날 때마다 폭풍 수다를 떨었다. 가족 이야기, 주말 계획, 좋아하는 스포츠 이야기까지… 그런데 이상하게 그 시간이 부담스럽지 않았다. 오히려 그런 대화 덕분에 서로에 대한 경계심이 조금씩 풀려갔고, 조금씩 이해하고 배려하는 분위기가 생겨났다.

02
말 한마디로 분위기를 바꾸는 힘

Thanks for bringing that up. It's an important point.
그 얘기 꺼내 주셔서 감사합니다. 중요한 지적이에요.

I really appreciate your effort on this.
이 일에 대한 노력을 정말 감사하게 생각합니다.

That's a great point. Let's look into it further.
좋은 지적이에요. 좀 더 살펴보죠.

회의실 안의 공기는 사소한 말 한마디로 바뀔 수 있다. Good idea!, Thanks for bringing that up. 같은 짧은 표현 하나가 상대방의 긴장을 풀고, 참여를 유도하는 힘이 된다. 이런 표현을 자주 사용하는 팀은 자연스럽게 열린 대화의 분위기가 형성되고, 의견을 자유롭게 나누는 과정에서 더 나은 결과가 나온다. 분위기를 바꾸는 건 대단한 말이 아니라, 진심이 담긴 작은 말 한마디다.

○ 03 ○
일에서 기회를 만드는 대화의 기술

What do you think about this?

이거에 대해 어떻게 생각하세요?

Do you have any suggestions or ideas?

제안이나 아이디어 있으신가요?

Is there anything you would improve or change?

개선하거나 바꾸고 싶은 부분이 있을까요?

아이디어를 주고받는 과정은 단순히 '업무' 그 이상이 된다. 예를 들어, 점심시간에 최근 다녀온 컨퍼런스 이야기를 꺼냈다가, Have you heard about it?(그거 들어보셨어요?)이라는 질문 하나가 새로운 프로젝트의 시작이 된 적도 있다. 이처럼 스몰토크는 사람 간의 연결고리를 만들고, 그 연결이 때로는 새로운 비즈니스 기회를 만들어낸다.

> **TIP**
>
> ## 사람 간의 관계를 깊게 만드는 대화 스킬 Top 3
>
> ❶ 상대방의 관심사로 대화를 시작해 보세요.
> **What do you like to do in your free time?**
> 여가 시간에 주로 뭐 하세요?
>
> ❷ 작은 성과도 함께 축하해 보세요.
> **Great job on that project!**
> 그 프로젝트 잘하셨어요!
>
> ❸ 사소해 보여도 아이디어를 주고받아 보세요.
> **Have you heard about this new trend?**
> 이 새로운 트렌드 들어보셨어요?

2

스몰토크의 시작은
영어 자기소개부터

스몰토크라고 하면 보통 이런 장면이 떠오른다.

엘리베이터에서 우연히 마주친 사람에게 "날씨 좋네요" 한마디 건네는 순간.

혹은 외국인을 처음 만났을 때, 어색함을 깨보려고 던지는 짧은 인사.

맞다. 일상 속 스몰토크는 대부분 그렇게 짧고 가볍게 지나간다.

그런데 회사에서는 좀 다르다.

사실 직장 생활을 하다 보면, 우리가 가장 자주 하게 되는 스몰토크는 다름 아닌 '자기소개'이다.

회의 자리, 사내 교육, 네트워킹 행사, 심지어 내부 미팅에서도 '어떻게 소개하면 좋을까?' 고민하는 순간이 꽤 많다.

"안녕하세요"라고 시작하지만, 그다음부터 막막해진다.

어떤 말을 꺼내야 자연스럽게 들릴까?

지나치게 겸손하면 나를 제대로 못 보여주는 것 같고, 조금만 자신감 있게 말하면 또 부담스럽게 느껴질까 걱정도 된다. 특히 영어로 말해야 하는 상황이라면, 긴장은 두 배가 된다.

그래서 준비가 필요하다. 긴 문장도, 화려한 말도 필요 없다. 내가 누구인지, 어떤 일을 하는지, 어떤 태도로 일하고 싶은지만
짧고 편안하게 말할 수 있다면 그걸로 충분하다.

◦ 01 ◦

인사말 Greeting

자기소개에서 가장 먼저 신경 써야 할 건 시작 인사이다. 몇 초 만에 첫인상이 결정되는 만큼, 어떤 말로 입을 여는지에 따라 분위기가 달라진다. 격식 있는 자리라면 My name is Jiwon Kim, and I'm pleased to meet you.처럼 공손하게 시작하는 게 좋다. 반면, 일대일 대화나 소규모 회의처럼 조금 더 편안한 상황이라면 Hi, I'm Jiwon. Nice to meet you! 또는 I'm Jiwon Kim. It's great to meet you!처럼 친근한 톤이 더 자연스럽다.

My name is Jiwon Kim, and I'm pleased to meet you.
저는 김지원입니다. 만나 뵙게 되어 기쁩니다.

It's a pleasure to meet you. My name is Jiwon Kim.

만나서 반갑습니다. 제 이름은 김지원입니다.

My name is Jiwon Kim, feel free to call me Jiwon.

제 이름은 김지원입니다, 지원이라고 불러 주세요.

○ 02 ○

부서/직책 Job Title

자기소개할 때, "무슨 일을 하세요?"라는 질문은 거의 빠지지 않는다. 공식적인 자리라면, I recently joined the marketing team as a junior associate.처럼 차분하게 말해 주면 좋다. 상대방도 듣고 바로 '아, 마케팅 하시는구나' 하고 이해한다. 반대로 좀 더 편한 자리에서는 굳이 '주니어 어소시에이트'까지 얘기 안 해도 된다. 그냥 I'm part of the marketing team. 하고 가볍게 툭 던져도, 분위기상 그게 훨씬 자연스럽다. 어차피 중요한 건 얼마나 잘 포장하느냐가 아니라, 듣는 사람이 부담 없이 받아들일 수 있느냐이다.

I'm currently working in the HR team as a junior associate.

현재 HR 팀에서 주니어 어소시에이트로 일하고 있어요.

I recently started working as a junior associate in the HR department.

최근에 HR 부서에서 주니어 어소시에이트로 일하기 시작했어요.

I just joined the HR team not long ago.

얼마 전에 HR 팀에 합류했어요.

○ 03 ○

경력 Work Experience

공식적인 자리에서는 "저는 마케팅 팀입니다." 한마디보다, 내가 뭘 해 봤는지가 훨씬 더 힘을 발휘한다. 예를 들어 Before this, I interned at ABC Corporation, where I assisted in developing marketing strategies and analyzing consumer trends.(이전에 저는 ABC Corporation에서 인턴으로 근무하며 마케팅 전략 개발과 소비자 트렌드 분석을 지원했습니다.)처럼 구체적인 경험을 살짝 곁들이면, 듣는 사람 입장에서도 '오, 이 사람 일 좀 해봤네!' 하는 인상이 남는다. 그냥 스쳐 지나가는 소개가 아니라, 내 강점을 살짝 드러낼 수 있는 좋은 기회인 셈이다. 게다가 이런 얘기는 대화의 실마리가 되기도 한다. "그 회사 어땠어요?", "트렌드 분석은 어떻게 했어요?"처럼 말이다. 자기소개, 생각보다 대화의 시작점이 많다.

I had an internship at ABC Corporation and worked closely with the sales team to research market trends and track sales performance.

저는 ABC Corporation에서 인턴으로 근무하며 영업팀과 협력하여 시장 동향을 조사하고 영업 실적을 추적했습니다.

Last summer, I interned at ABC Corporation and got to experience a bit of everything from doing research to working on actual campaigns.
지난 여름에 ABC Corporation에서 인턴을 했는데, 리서치부터 실제 캠페인까지 다양하게 경험할 수 있었습니다.

I interned at ABC Corporation and worked on creating product detail pages and promotional content.
저는 ABC Corporation에서 인턴으로 근무하며 상품 상세 페이지와 홍보 콘텐츠 제작을 담당했습니다.

○ **04** ○

마무리 Closing

자기소개도 끝맺음이 중요하다. 일대일 대화처럼 가벼운 자리라면 굳이 격식을 갖출 필요 없다. 그냥 자연스럽게 웃으며 마무리하면 그만이다. 하지만 여러 사람이 함께 있는 공식적인 자리라면, 한두 마디로 내 역할을 정리하고 감사 인사를 전하는 게 깔끔하다.

I look forward to working with all of you. Thank you.

여러분과 함께 일하게 되어 기대됩니다. 감사합니다.

That's a bit about me. I'm excited to get started!

제 소개는 이 정도예요. 앞으로 잘 부탁드려요!

I'm super happy to be here and can't wait to work with everyone.

여기 오게 되어 정말 행복하고, 모두와 함께 일하는 것이 기대됩니다.

> **TIP**
>
> ### 첫인상에서 돋보이는 자기소개, 이렇게 시작하자!
>
> Hi! I'm Alex. I just joined the marketing team here as a junior associate. Before this, I interned at XYZ Agency, where I worked on social media campaigns. I'm excited to be part of the team and learn from everyone here!
>
> 안녕하세요! 저는 Alex입니다. 저는 마케팅 팀에 새로 합류한 주니어 어소시에이트입니다. 그전에 XYZ 에이전시에서 소셜 미디어 캠페인 작업을 했던 인턴 경험이 있습니다. 팀의 일원이 되어 모두에게서 배울 수 있게 되어 정말 기대됩니다!

3

사무실 첫 대화를 여는 자연스러운 한마디

스몰토크라고 하면 보통 이런 순간이 떠오른다. 월요일 아침, 엘리베이터에서 마주친 같은 층 동료. 인사도 애매하고, 그냥 가만히 있기엔 공기가 좀… 뻘쭘하다.

무슨 말을 꺼내야 할지 몰라서 결국 침묵하다가, 도착한 층에 서로 민망하게 "먼저 가세요." 하고 헤어진다.

그럴 때 한마디만 건네면 상황이 달라진다.

Morning! Was your commute okay today?
좋은 아침이에요! 출근길 괜찮으셨어요?

딱히 대단한 질문도 아닌데, 이상하게 분위기를 푸는 데 효과가 있다.

금요일쯤엔 이렇게 바꿔도 괜찮다.

Hope you had a good start to your day.
오늘 하루 좋은 시작 되셨길 바랍니다.

자연스럽게 가벼운 대화로 이어지기 좋다.
탕비실에서 마주쳤다면?

Trying something new today?
오늘은 새로운 커피 드셔 보시나요?

Need a little caffeine boost
카페인이 필요하신가 봐요?

커피 한잔 들고 이런 질문 한마디면, 그날 하루가 좀 더 부드럽게 흘러간다.

스몰토크는 그냥 말이나 섞자고 하는 게 아니다. 이 짧은 대화가 동료와의 거리감을 좁혀주고, 일할 때도 서로에게 훨씬 편해지는 계기가 된다.

물론, 너무 사적인 얘기까지 들어갈 필요는 없다. 가볍고 자연스럽게. 그러면서도 직장인다운 적당한 거리감과 예의는 잊지 말 것.

◦ 01 ◦
일상적인 주제가 답이다

스몰토크는 가볍게 시작하는 게 정석이다. "주말 잘 보내셨어요?", "점심 뭐 드셨어요?", "요즘 날씨 진짜 좋죠?" 이런 질문들이 괜히 자주 쓰이는 게 아니다. 부담 없고 누구나 대답할 수 있으니까 상대방도 편하고, 대화도 자연스럽게 이어진다. 가끔은 별 얘기 아닌 얘기가 관계를 더 가깝게 만들어 준다.

How was your weekend? Relaxing or busy?
주말 잘 보내셨어요? 푹 쉬셨어요, 아니면 바쁘셨나요?

Got any exciting plans for the weekend?"
주말에 특별한 계획 있으세요?

The weather is so nice today, isn't it?
오늘 날씨 정말 좋죠?

Any lunch recommendations around here?
이 근처 점심 추천할 곳 있으세요?

◦ 02 ◦

취미 이야기만큼 좋은 스몰토크는 없다

"요즘 뭐 재미있는 거 보셨어요?", "주말엔 주로 뭐 하세요?" 이런 질문 하나면 대화가 술술 풀린다. 운동, 영화, 책, 여행, 취미 얘기는 누구나 할 말이 있고, 운 좋으면 "어, 저도 그거 좋아해요!" 하고 공통점도 생긴다. 일 얘기만 하던 관계에 작은 연결고리가 생기는 순간이다.

Are you into any TV shows these days?
요즘 즐겨 보는 TV 프로그램 있으세요?

Do you play or follow any sports?
운동을 하시거나 스포츠 경기를 즐겨 보세요?

What do you usually do to relax after work?
퇴근 후에는 보통 어떻게 쉬세요?

I heard you enjoy hiking. Do you have any favorite trails?
등산 좋아하신다고 들었는데, 좋아하는 등산로 있으세요?

○ 03 ○
회사 얘기도 가볍게 하면 스몰토크가 된다

일상이나 취미 이야기도 좋지만, 같은 회사에 있다는 공통점을 살려 업무 주변의 가벼운 얘기를 나누는 것도 대화를 자연스럽게 이어가는 좋은 방법이다. "새 프로젝트 들어보셨어요?", "다음 주 회식 참석하세요?" 같은 말은 부담 없이 말문을 여는 좋은 시작이 된다. 단, 회사에 대한 불만이나 뒷이야기처럼 무거운 주제는 피하는 것이 예의. 가볍게 웃으며 나눌 수 있을 정도의 이야기가 바로 스몰토크의 핵심이다.

Have you heard about the new project?

새 프로젝트에 대해 들어 보셨어요?

Are you joining the team dinner next week?

다음 주 팀 회식에 참석하시나요?

How's your team doing this week? Busy as always?

이번 주 팀은 어때요? 여전히 바쁘신가요?

How's everything going with your project?

프로젝트는 잘 진행되고 있나요?

TIP

사무실 스몰토크, 이런 주제는 피해야

❶ 회사 내부 문제

What's your opinion on the new management? Do you think they're making good decisions?
새 경영진에 대해 어떻게 생각하세요? 결정 잘하고 있는 것 같으세요?

❷ 일에 대한 불평

Don't you think our manager is terrible at their job?
우리 매니저, 일 잘 못한다고 생각하지 않으세요?

❸ 개인 재정

How much do you earn?
연봉이 어떻게 되세요?

❸ 사내 소문

What do you think about the rumors about Alex?
Alex에 대한 소문 들으셨어요? 어떻게 생각하세요?

4

외부 미팅에서도 통하는 스몰토크

처음 보는 외부인을 만나는 날이면 회의실 분위기는 묘하게 굳는다. 프레젠테이션 자료는 칼같이 준비됐고, 샘플도 보기 좋게 진열되어 있다. 하지만 테이블 너머에는 긴장한 표정의 손님이 앉아 있고, 맞은편에는 우리 팀의 '공손한 미소' 담당이 조심스레 자리를 지키고 있다. 서로 웃고는 있지만, 어딘가 낯설고 딱딱한 공기가 흐른다.

이럴 때 가장 먼저 오가는 말은 대개 이렇다.

Good afternoon. Shall we begin?
안녕하십니까. 이제 시작할까요?

틀린 말은 아니다. 하지만 본론으로 들어가기엔 뭔가 너무 빠르다.

그 자리에 모인 사람들의 마음은 아직 '업무 모드'로 전환되지 않았고, 서로 표정은 웃고 있지만 눈치는 보이고 속마음은 아직 거리감 안에 머물러 있다.

이럴 땐 숫자나 스펙보다 먼저 꺼내야 할 게 있다. 바로 짧지만 따뜻한 한마디다.

How are you finding the event so far?
행사, 어떠셨어요?

Did you have any trouble finding the office?
오시는 길 괜찮으셨어요?

이런 질문 하나가 공기를 바꾼다. 서로 어색하게 웃던 눈빛이 조금씩 편안해지고, 대화는 그제야 자료 중심에서 사람 중심으로 흐르기 시작한다. 상대는 단순한 '비즈니스 상대'가 아니라, '환영받고 있는 사람'이 된다.

실제로 스몰토크가 잘 오간 미팅은 이상하리만큼 부드럽게 흘러간다. 아이디어도 더 유연하게 오가고, 결정도 훨씬 매끄럽게 내려진다. 반대로 아무리 자료 준비를 잘했어도 처음부터 분위기가 경직돼 있으면 협상도 쉽게 꼬이고, 말보다 눈치가 앞서게 된다.

외부인을 처음 맞이하는 자리일수록, 스몰토크는 분위기를 바꾸는 열쇠가 된다. 그 한마디가 "여긴 편하게 이야기할 수 있는 자리예요."라는 작지만 강력한 메시지를 전해 주며, 대화의 장을 열어 준다.

물론 주제는 신중하게 골라야 한다. 사적인 이야기나 논란의 여지가 있는 주제는 피하고, 행사나 장소, 여정, 업무와 관련된 가벼운 이야기면 충분하다.

결국, 스몰토크는 딱 한마디면 된다. 그 한마디가 문을 열고, 마음을 풀고, 그날 미팅의 전체 흐름을 바꿔 놓는다.

○ 01 ○
체류 경험, 가장 안전한 대화 시작법

외부 손님과 처음 마주했을 때, 어떤 말을 꺼내야 할지 망설여질 수 있다. 그럴 땐 가볍게 체류 경험을 물어보자. "호텔은 괜찮으셨어요?", "오시는 길 불편하진 않으셨어요?", "시간 나시면 어디 가보실 계획 있으세요?" 이런 질문은 부담 없이 대화를 시작할 수 있고, 상대방에게 '환영받고 있다'는 인상을 준다. 특히 낯선 곳에 온 방문자일수록, 작은 관심이 큰 편안함이 된다.

How was your trip here? I hope the journey wasn't too tiring.

이곳까지 오시는 길은 어땠나요? 많이 피곤하진 않으셨죠?

Where are you staying during your visit? Is everything comfortable?

이번 방문 동안 어디에 머무르고 계세요? 편하게 지내고 계신가요?

What do you think of the city so far? Have you had a chance to explore a bit?

지금까지 이 도시 어떠셨어요? 좀 둘러보실 기회는 있으셨나요?

How does the weather here compare to where you're from?

여기 날씨가 원래 계신 곳이랑 비교하면 어떤가요?

○ 02 ○

행사 이야기로 자연스럽게 연결하기

행사 중이라면, 가장 쉬운 스몰토크 주제는 바로 행사 자체다. "행사 어떠세요?", "기대하셨던 발표 들으셨어요?" 이런 질문은 가볍게 던지면서도 상대방의 관심사나 목적을 슬쩍 파악할 수 있다. 가볍게 시작했지만, 대화는 생각보다 깊어질 수도 있다. 처음엔 그냥 행사 얘기였는데, 어느새 진짜 필요한 이야기를 꺼내고 있을지도 모른다.

How are you finding the event so far?

이번 행사, 지금까지 어떠셨어요?

Have you attended this event in previous years?

이 행사, 예전에도 참석해 보신 적 있으세요?

Are there any sessions or speakers you're particularly looking forward to?

특별히 기대하고 계신 세션이나 연사 있으세요?

Have you had a chance to connect with many people today?

오늘 다른 분들과 많이 이야기 나눌 기회 있으셨어요?

○ **03** ○

트렌드 이야기, 가볍게 꺼내는 전문성

업계 이야기라고 해서 꼭 무겁게 시작할 필요는 없다. "요즘 이런 흐름, 어떻게 보고 계세요?"처럼 가볍게 던진 질문 하나에 공통 관심사가 툭 튀어나올 수 있다. 최근 변화나 미래 전망을 나누다 보면 자연스럽게 대화가 깊어지고, 내 관심과 전문성도 은근히 드러난다. 트렌드는 결국, 가볍게 시작해도 할 말이 많은 주제다.

What industry trends have caught your attention recently?

최근에 눈에 띈 산업 트렌드는 어떤 게 있으세요?

Where do you see the industry heading in the next few years?

앞으로 몇 년 안에 업계가 어떻게 변할 거라고 보세요?

Are there any emerging technologies that you find particularly exciting?

요즘 특히 흥미롭게 보고 계신 신기술이 있으세요?

Is there a recent trend you think people are overlooking?

사람들이 잘 못 보고 있는 요즘 트렌드가 있다고 생각하시나요?

◦ 04 ◦

회사 이야기, 가볍게 시작해도 괜찮다

회사 소개라고 해서 거창할 필요는 없다. "저희는 원래 어떤 배경에서 시작됐고, 지금은 이런 일들을 하고 있어요." 그 정도만으로도 상대방은 조직에 대한 감을 잡고, 궁금한 점을 자연스럽게 물어볼 수 있다. 우리의 일, 우리가 왜 이 일을 하는지 짧게 소개하는 것만으로도 신뢰의 분위기를 만드는 데 충분하다.

How familiar are you with our company?

저희 회사에 대해 어느 정도 알고 계신가요?

We care about the environment. How about your company?

저희는 환경을 중요하게 생각해요. 귀사도 그런가요?

We're working more in Southeast Asia these days. Is your company too?

저희는 요즘 동남아 지역에서 활동을 많이 하고 있어요. 귀사도 그렇나요?

We started out as a paper manufacturing company, but we've since expanded into packaging and sustainable materials.

우리는 제지 회사로 시작했지만, 지금은 포장재와 친환경 소재 분야로까지 확장했습니다.

TIP

외부 미팅에서 이런 주제는 금물

❶ 정치나 종교

Isn't the political situation really serious there?
그곳 정치 상황이 정말 심각하지 않나요?

❷ 문화적 편견

People in your country don't usually do this, right?
당신 나라에서는 이런 걸 잘 안 하죠?

❸ 경쟁자 비판

What do you think about our main competitor's latest product? I heard it's not doing well.
우리 주요 경쟁사의 최신 제품에 대해 어떻게 생각하세요? 잘 안 팔린다고 들었어요.

❹ 기밀 정보

What are your company's sales figures for this quarter?
이번 분기 귀사의 매출 수치는 어떻게 되나요?

❺ 법적 문제

Have you had any issues with regulatory compliance?
규제 준수와 관련된 문제가 있었나요?

5

센스 있는 리액션이 분위기를 살린다

스몰토크라고 하면, 많은 사람들이 '먼저 화제를 꺼내야 한다'고 생각한다.

'무슨 말을 하지?', '재미있는 얘기를 해야 하나?'라는 부담이 생기고, 결국 어색한 침묵이나 억지스러운 대화로 이어지기 쉽다. 하지만 스몰토크에서 꼭 내가 먼저 말을 꺼내야 할 필요는 없다.

많은 경우 스몰토크는 끌어내는 말보다, 받아주는 반응에서 시작된다. 상대가 말을 꺼냈다면, 그 말에 어떻게 반응하느냐가 대화의 흐름을 결정짓는다.

예를 들어, 상대가 이렇게 말한다고 해 보자.

I feel like I'm seeing the same ads over and over again these

days.
요즘 광고가 계속 똑같은 것만 보이는 느낌이에요.

이럴 때 '무슨 말을 해야 하지?' 하고 머뭇거리거나, 억지로 새로운 화제를 꺼내기보다는 짧게 공감하고, 가볍게 얹어주는 리액션만으로도 충분하다.

Oh yeah, I've noticed that too. Maybe the algorithm thinks we like those too much!
아, 저도 느꼈어요. 알고리즘이 우리가 그 광고를 너무 좋아한다고 생각하는 걸지도 모르죠!

이처럼 상대가 가볍게 꺼낸 말에 조금만 반응을 덧붙여도, 그 자체가 훌륭한 스몰토크가 된다. 꼭 말을 끌어내야 한다는 부담을 가질 필요는 없다. 상대가 시작한 이야기를 잘 받아주는 것만으로도, 대화는 자연스럽게 이어진다.
영어 스몰토크에서 센스는 유창한 말솜씨보다, 상대의 말에 집중하고 반응하는 태도에서 시작된다.

○ 01 ○
리액션 고수가 쓰는 표현 Top 10

스몰토크에서 진짜 센스는 "아~ 네네…" 말고, 상대의 말에 공감도 담고, 분위기도 살리는 한마디에서 나온다. 짧지만 강력한 리액션 10개, 하나씩 써먹어 보자!

1. **Absolutely!** 물론이죠!

    상대 말에 100% 동의할 때. 이보다 더 깔끔한 리액션은 없다.

2. **Definitely.** 확실하죠.

    "아 그건 무조건이지!"라는 뉘앙스. 확신 + 지지.

3. **I couldn't agree more.** 더 이상 동의할 수 없어요.

    완전 공감할 때. 말이 다 끝나기도 전에 써도 자연스럽다.

4. **Indeed.** 정말 그렇죠.

    살짝 격식 있는 느낌. "그 말, 진짜예요"라고 뒷받침할 때.

5. **You're absolutely right.** 말씀 정말 맞아요.

    상대 의견을 명확하게 인정하고 싶을 때.

6. **Precisely.** 정확히 그거예요.

    상대가 핵심을 찔렀을 때. 짧지만 날카로운 리액션.

7. **No doubt about it.** 의심의 여지가 없죠.

    논쟁의 여지가 없을 만큼 동의할 때 쓰면 든든하다.

8. **That's exactly what I was thinking.** 저도 딱 그 생각 했어요.

상대와 생각이 같을 때, 기분 좋은 공감을 전할 수 있다.

9. **I'm with you on that.** 저도 그 부분에 동의해요.

"나도 같은 입장이에요"라는 자연스러운 지지 표현.

10. **I see your point.** 무슨 말씀이신지 알겠어요.

100% 동의는 아니더라도, 상대 의견을 존중하는 말.

○ 02 ○
리액션에 한마디 더! 대화가 살아난다

짧은 리액션은 좋지만, 너무 짧으면 대화가 금방 끊긴다. 그럴 땐 한 문장만 더 얹자. 내 생각, 경험, 기대, 농담… 뭐든 괜찮다. 그 한마디 덕분에 대화가 부드럽게 이어지고, 분위기가 살아난다.

1. **A: This weather makes me want to just stay in and watch movies all day.**

    이 날씨엔 그냥 집에 있으면서 하루 종일 영화나 보고 싶어요.

    B: Absolutely! It's the perfect excuse to do nothing productive.

    물론이죠! 아무것도 안 해도 되는 완벽한 핑계죠.

2. **A: These days, even the boss makes their own coffee. Don't you think coffee tastes best when you make it**

just the way you like?

요즘은 사장님도 직접 커피를 타 드시잖아요. 자기 취향에 맞게 타먹는 게 제일 맛있지 않아요?

B: Definitely. It's all about getting it just right for yourself.

맞아요. 결국 자기 입맛에 맞게 만드는 게 최고죠.

3. **A: I think we all need a real break, not just a weekend.**

주말 말고 진짜 제대로 된 휴식이 필요한 것 같아요.

B: I couldn't agree more. A full week off sounds like heaven right now.

완전 공감해요. 일주일 휴가가 간절하네요.

4. **A: It's amazing how fast this year is flying by.**

올해 진짜 순식간에 지나가고 있어요.

B: Indeed. I feel like January was just a few weeks ago.

정말 그래요. 1월이 엊그제 같은데 말이죠.

5. **A: People are so much more relaxed after a good lunch.**

점심 맛있게 먹고 나면 다들 훨씬 여유로워지죠.

B: You're absolutely right. It really lifts the whole mood.

정말 맞아요. 분위기가 확 달라져요.

6. **A: I think Mondays are hardest not because of the work, but the transition.**

   월요일이 힘든 건 일이 많아서가 아니라, 전환이 힘들어서인 것 같아요.

   B: Precisely. It's the mental gear shift that drains you.

   정확히요. 정신적으로 전환하는 게 힘들죠.

7. **A: That coffee shop downstairs makes the best pastries.**

   1층 커피숍, 거기 페이스트리 진짜 최고예요.

   B: No doubt about it. I go there just for the croissants.

   의심의 여지가 없어요. 저도 거기 크루아상 먹으러 가요.

8. **A: Doesn't it feel like everyone's wearing beige these days?**

   요즘 사람들 다 베이지색 옷만 입는 것 같지 않아요?

   B: That's exactly what I was thinking. It's like a seasonal uniform.

   저도 딱 그 생각했어요. 시즌 유니폼이라도 된 듯이요.

9. **A: Sometimes working from a café just feels more productive.**

   가끔은 카페에서 일하는 게 더 능률이 오를 때가 있어요.

   B: I'm with you on that. A change of scene helps me focus too.

   저도 동의해요. 장소 바꾸면 확 집중이 잘 되더라고요.

10. A: I know it's small talk, but sometimes it makes a huge difference in meetings.

그냥 스몰토크일지 몰라도, 회의 전에 하면 분위기가 확 달라지지 않나요?

B: I see your point. It really sets the tone and eases tension.

무슨 말씀이신지 알겠어요. 긴장도 풀어주고 분위기도 좋아지죠.

TIP

리액션 하나로 대화 온도가 달라진다

A: The coffee machine is finally fixed.
커피 머신이 드디어 고쳐졌어요.

잘못된 리액션
B: I see. 아, 그렇군요.
→ 말은 맞지만, 너무 밋밋해요. 대화가 거기서 딱 끊겨요.

올바른 리액션
B: Oh, that's great! No more waiting in line for coffee.
와, 다행이네요! 이제 커피 기다리는 시간 줄겠어요.
→ 감정을 한 스푼 섞으니, 대화가 훨씬 자연스럽고 생동감 있게 이어져요.

6

부정적인 코멘트도 기회로 바꾸는 스몰토크 전략

스몰토크는 보통 가볍게 시작한다.

주말 얘기, 점심 메뉴, 요즘 날씨, 그런 이야기로 웃으며 말문을 트지만, 어느 순간 예상치 못한 말이 툭 튀어나오기도 한다.

I feel like work just keeps piling up lately, and I can't even finish one thing properly.
요즘 일이 계속 쌓이기만 해서, 뭐 하나 제대로 끝내는 게 없어요.

처음엔 가볍게 시작된 대화였는데, 갑자기 분위기가 조금 무거워지는 순간이다. 이럴 때 괜히 얼버무리거나 "저도요~ 다 그래요"처럼 말하면, 상대는 '말하지 말 걸 그랬나' 싶은 기분이 들 수 있다.

But you're managing somehow, right?
아 그래도 버틸 만은 하시잖아요?

Same here, Everyone's going through the same thing.
저도요. 다 똑같죠 뭐.

그럴 땐, 억지로 분위기를 띄우려 하기보다 그냥 "그럴 수 있어요"라고 가볍게 인정해주는 게 훨씬 자연스럽다.

Yeah, I've been hearing that a lot lately too.
요즘 그런 얘기 진짜 많이 들려요.

Totally get that. Seems like everyone's feeling that way these days.
공감돼요. 요즘 전체적으로 다들 좀 그런 분위기더라고요.

이 정도의 리액션이면 충분하다.
상대가 말을 이어가면 살짝 질문 하나 던져보는 것도 좋다.

Has anything been helping you get through it lately?
요즘 그 와중에 조금이라도 기분 전환되는 거 있으셨어요?

이건 문제를 해결하자는 게 아니라, 상대가 자기 리듬으로 긍정적인 이야기로 넘어갈 수 있도록 유도하는 방법이다.

말이 이어지면 더 듣고, 자연스럽게 다른 주제로 흘러가도 괜찮다.

말을 던졌는데 상대가 짧게 끊는다면, 그걸로 정리하고 다른 화제로 넘어가면 된다.

스몰토크에서 이런 '전환의 순간'은 누구에게나 온다. 그럴 때 중요한 건 말을 돌리는 기술이 아니라, 상대의 말에 어떻게 반응하느냐다.

억지로 웃거나 "다 그런 거죠 뭐~" 하고 넘기기보다는 '그럴 수 있죠'라고 가볍게 받아주고, 말이 이어질 공간을 주는 사람이 스몰토크에서 진짜 센스 있는 사람으로 기억된다.

결국, 스몰토크에서 인상 깊은 사람은 말을 많이 하는 사람이 아니다. 상대의 말에 자연스럽게 반응하고, 분위기를 편안하게 이어주는 사람이다.

○ 01 ○

공감은 하되, 감정적으로 휘말리지는 말기

상대가 힘든 얘기를 꺼냈을 때, "아, 진짜요?" 하고 같이 감정에 푹 빠져버리면 대화 분위기가 점점 무거워진다. 공감은 꼭 필요하지만, 감정선까지 따라가면 오히려 더 피곤해질 수 있다. "그럴 수 있죠" 하고 가볍게 인정해주되, 한 걸음 떨어져 있는 여유를 유지하는 게 훨씬 좋다.

It makes sense you'd feel that way given everything going on.
요즘 상황을 생각하면 그렇게 느끼는 것도 충분히 이해돼요.

Yeah, I hear that a lot lately. It's been that kind of season, I guess.
요즘 그런 얘기 자주 듣는 것 같아요. 그런 시기인 거죠.

Yeah, I totally get that. Sometimes just naming it helps, right?
공감돼요. 가끔은 그냥 말로 꺼내는 것만으로도 좀 나아지잖아요?

○ **02** ○
긍정적인 부분을 캐치해서 살짝 밀어주기

상대가 힘든 얘기를 하더라도, 그 안에 조금이라도 잘된 부분이 있다면 그걸 딱 집어서 부드럽게 확장해보자. "그래도 그건 잘 되셨네요!" 한마디만으로도 분위기가 훨씬 밝아지고, 상대방의 기분도 은근히 좋아진다.

Sounds like you've had a busy time. It's great that your team kept things going.

정말 바쁜 시간을 보내셨던 것 같네요. 그래도 팀이 잘 해내셨다니 멋져요.

That must have been hard. But you clearly know what can be improved.

그건 쉽지 않으셨겠어요. 그래도 어떤 점을 더 나아지게 할 수 있을지 잘 알고 계시네요.

It sounds like things were tough. But I like how you're already thinking about the next step.

힘든 시간 보내신 것 같네요. 그래도 다음 단계를 미리 생각하고 계신 점이 인상적이에요.

○ 03 ○
부드럽게 화제를 전환하기

분위기가 살짝 무거워질 때, 굳이 말을 끊지 않아도 된다. 살짝 다른 주제로 넘기기만 해도 대화는 다시 밝은 쪽으로 자연스럽게 흘러간다. "힘드셨겠어요." 한마디 공감하고, 그다음엔 부담 없는 질문 하나 툭! 그게 센스이다.

I was just thinking — when was the last time you had a proper day off?

문득 궁금했는데, 마지막으로 푹 쉰 게 언제예요?

Speaking of feeling tired, do you have any go-to ways to recharge?

요즘 피곤하단 얘기 나와서 그런데, 기분 전환할 때 자주 하는 거 있으세요?

By the way, have you had a moment to just do nothing lately?

그런데 요즘 아무것도 안 하고 푹 쉬어본 적 있으세요?

> **TIP**
>
> ## 힘든 대화도 따뜻하게 이어가는 스몰토크 비법
>
> **A: Work has been crazy lately. So many deadlines and last-minute changes. I almost didn't come today.**
>
> 요즘 일이 너무 정신없어요. 마감도 많고 갑자기 바뀌는 것도 많고요. 오늘도 올까 말까 했어요.
>
> **잘못된 대응**
>
> 1. **Hmm… yeah, work is always like that.**
>   음… 뭐 일이란 게 다 그렇죠.
>
> 2. **At least you're here. Everyone's busy these days.**
>   어쨌든 오셨잖아요. 요즘 다들 바쁘죠, 뭐.
>
> 3. **Anyway, let's not talk about work. Have you tried the coffee here?**
>   아무튼, 일 얘기는 그만하고요. 여기 커피 드셔보셨어요?

올바른 대응

1. **That sounds tough. I get why you feel that way.**
   그거 진짜 힘드셨겠네요. 왜 그렇게 느끼셨는지 알겠어요.

2. **But I'm really glad you made it. Have you had a chance to look around yet?**
   그래도 와 주셔서 반가워요. 혹시 좀 둘러보셨어요?

3. **And yeah, it's nice to take a short break and just talk like this sometimes.**
   가끔은 이렇게 잠깐 쉬면서 대화 나누는 것도 좋은 것 같아요.

2주차

프로 일잘러가 되는
이메일 치트키

BUSINESS ENGLISH CLASS

1
회신 속도는 제목이 결정한다?

출근 후, 커피 한 잔을 들고 노트북을 켠다. 주말 동안 쌓인 이메일 요청들이 잔뜩 밀려와 있다.

'어떤 일부터 처리해야 할까?'
'긴급해 보이는 이메일이 있나?'
'회의 자료가 필요하다고? 이걸 어떻게 하지?'

조용한 사무실, 여기저기서 키보드 소리가 울려 퍼진다. 옆자리 민지 씨도 상황은 비슷하다.

"민지 씨, 왜 그래요? 급한 일 많아요?"

"네, 과장님! 월요일은 출근하기 싫어요. 처리할 이메일이 너무 많아요."

민지 씨는 인상을 찌푸리며 키보드를 두드린다.

아침에 가장 먼저 처리해야 할 건, 문의에 대한 답변 메일이다. 답변을 빠르게 처리하는 요령을 알려준다.

"복잡하게 쓰지 않아도 돼요. 세 줄로만 깔끔하게 정리하고, 확인 후 바로 전송하면 끝이에요."

"대단한데요! 어떻게 그렇게 빨리 보내세요?"

"많은 이메일을 보내봤으니까요. 짧고 간단하게 해결하는 법만 알려주는 거죠."

이메일 한 건당 1분. 그렇게 처리해나간다.

하지만 민지 씨는 다시 한숨을 쉰다.

"왜 도대체 답장을 안 주는 거죠? 정말 급한데. 어떻게 해야 할까요? 독촉 메일을 보내볼까요?"

답답해하는 민지 씨가 보여준 메일을 확인해본다. 역시나, 제목이 문제다. 급함만 강조돼 있고, 정작 구체적인 내용이나 요청은 빠져 있다. 이런 제목은 수신자가 메일을 우선적으로 열어보기 힘들다.

"내용은 잘 썼는데, 제목에 목적과 핵심 키워드가 빠져 있는 게 문제 같아요."

"네? 목적과 키워드요?"

제목은 전달하려는 내용을 명확하고 간결하게 담아야 신뢰를 줄 수 있다. 사람들은 메일을 순서대로 읽지 않는다. 중요해 보이는 제목부터 먼저 열고, 덜 중요해 보이는 메일은 뒤로 미룬다.

그래서 '목적'과 '키워드'가 중요하다. 메일을 보내는 목적과 그 안의 핵심 단어가 제목에서 드러나야, 받는 사람도 그 의도를 명확히 이해하고 회신할 이유가 분명해진다. 답변 속도 역시 자연스럽게 빨라진다. 효과적인 이메일 제목은 보통 이런 구조로 정리된다.

> **A(목적): B(세부 내용)**

○ 01 ○

A(목적)에 자주 쓰이는 Top 10

A(목적)에 해당하는 키워드의 핵심은, 보낸 사람이 이메일을 보내는 이유를 수신자가 제목만 보고도 직관적으로 이해할 수 있도록 명확히 드러내는 것이다. 제목을 보는 순간, 수신자는 '아, 이 이메일은 어떤 용도구나' 하고 바로 파악할 수 있어야 한다.

1. **Inquiry (문의)**
   특정 정보나 지원 요청을 하는 경우
2. **Follow-up (후속 조치)**
   문제에 대한 추가 조치나 확인이 필요한 경우
3. **Proposal (제안)**
   특정 계획이나 아이디어를 제안할 경우
4. **Cancelled (취소)**
   예정된 일정이나 계획이 취소된 경우

5. **Postponed** (연기)

    예정된 일정이나 계획이 연기될 경우

6. **Confirmed** (확인)

    확정된 일정이나 계획이 확인이 필요한 경우

7. **Requested** (요청)

    특정 정보나 지원을 요청할 경우

8. **Booked** (예약)

    특정 일정이나 장소가 예약된 경우

9. **Dispatched** (발송)

    특정 문서나 물품을 발송했을 경우

10. **Rescheduled** (재조정)

    일정이나 계획이 변경된 경우

○ 02 ○

B(세부 내용)에 자주 쓰는 문구

B(세부 내용)는 이메일의 목적을 보다 구체적으로 뒷받침하는 역할을 한다. 제목에 포함된 세부 문구는, 이메일을 열기 전에 수신자가 그 안에 어떤 정보가 담겨 있을지 쉽게 짐작할 수 있도록 도와준다.

1. **Inquiry** (문의)

    Inquiry: Details on Employee Benefits Program

문의: 직원 복지 프로그램 세부 사항

Inquiry: Client Availability for Quarterly Meeting

문의: 분기 미팅을 위한 고객 시간 조율

2. Follow-up (후속 조치)

Follow-up: Feedback on Campaign Performance Report

후속 조치: 캠페인 성과 보고서에 대한 피드백

Follow-up: Pending Resolution on Support Ticket #12345

후속 조치: 지원 요청 #12345에 대한 미결 문제

3. Proposal (제안)

Proposal: New Employee Retention Program

제안: 신규 직원 유지 프로그램

Proposal: Upselling Strategy for Key Clients

제안: 주요 고객을 위한 업셀링 전략

4. Cancelled (취소)

Cancelled: Launch Event for New Product

취소: 신제품 출시 행사

Cancelled: Scheduled Server Maintenance on June 10

취소: 6월 10일 예정된 서버 유지보수

5. **Postponed** (연기)

    Postponed: Onboarding Session for New Employees

    연기: 신규 직원 온보딩 세션

    Postponed: Quarterly Sales Meeting to Next Week

    연기: 분기별 영업 회의 다음 주로

6. **Confirmed** (확인)

    Confirmed: Timeline for Campaign Launch

    확정: 캠페인 출시 일정

    Confirmed: IT Support Availability During Upgrade

    확정: 업그레이드 중 IT 지원 가능 시간

7. **Requested** (요청)

    Requested: Social Media Engagement Statistics

    요청: 소셜 미디어 참여 통계

    Requested: Access to Internal IT Documentation

    요청: 내부 IT 문서 접근 권한

8. **Booked** (예약)

    Booked: Training Room for Workshop

    예약됨: 워크숍 교육실

    Booked: Event Hall for Product Launch

예약됨: 제품 출시를 위한 행사장

9. Dispatched (발송)

Dispatched: Product Samples to Key Clients

발송됨: 주요 고객에게 제품 샘플 발송

Dispatched: Software Licenses to End Users

발송됨: 최종 사용자에게 소프트웨어 라이선스 발송

10. Rescheduled (재조정)

Rescheduled: Employee Orientation to Friday

재조정됨: 직원 오리엔테이션 금요일로 이동

Rescheduled: IT Maintenance to Late Evening

재조정됨: IT 유지보수 늦은 저녁시간으로 이동

TIP

클릭을 부르는 이메일 제목 작성법: 읽지 않을 수 없게!

❶ 첫눈에 핵심 파악: 짧고 강렬하게!

제목에서 메일의 목적을 즉시 알 수 있도록 만드세요.

Meeting Confirmation – [날짜/시간]

❷ 궁금증을 자극: 핵심 정보를 예고하라

제목만으로도 내용을 짐작할 수 있도록 하세요.

Your Approval Needed – Quick Review Inside

❸ 긴급성 강조: 바로 행동할 수 있도록!

급하거나 중요한 메일은 시급성을 반영하세요.

Last Chance: Confirm Your Attendance by [날짜]

2

Greeting! Dear, Hi, Hello…
다 같은 인사 아냐!

"아, 어떡해요. John 씨가 회사 사장님이었나 봐요."

"그분이 저한테 'Hi'로 메일을 보내길래, 저도 그냥 'Hi'로 답장했거든요…"

민지 씨는 오늘도 책상에 머리를 묻은 채 고민에 빠져 있다. 얼굴엔 당황한 기색이 역력하다.

비즈니스 메일을 쓸 때마다 격식을 놓치거나 캐주얼한 표현을 써버리는 일이 반복되면서, 점점 자신감을 잃어가고 있다.

처음엔 단순히 메일을 쓰는 것이 익숙하지 않아서였지만, 작은 실수들이 쌓이자 이제는 중요한 상대에게 메일을 보낼 때마다 시작부터 망설이게 된다.

어떤 인사말이 적절할지조차 헷갈려, 메일을 보내는 일이 점점 더 어렵게 느껴지는 것이다.

"저… 너무 캐주얼하게 보낸 거죠?"

"이미 보낸 건 어쩔 수 없어. 하지만 다음엔 인사말을 상황에 맞게 쓰는 게 중요해. 그걸 모르면 같은 실수를 반복하게 될 거야."

민지 씨는 조금 전 선배에게 배운 인사말들을 떠올리며 정리해본다.

상황에 맞는 표현을 제대로 알고 구분해야, 더 이상 같은 실수를 하지 않을 수 있다.

이메일의 인사말은 단순히 예의를 차리는 형식적인 문구가 아니다. 그 한 줄이 메일 전체의 톤을 정하고, 상대방에게 주는 첫인상을 좌우하는 결정적인 시작이다.

○ 01 ○
이메일 인사말

1 ○ 격식을 갖춰 정중하게 쓸 때 Dear

공식적인 상황이나 처음 연락을 취할 때 사용하는 인사말이다. Dear는 존중과 예의를 담고 있어, 비즈니스 환경에서는 상사나 처음 연락하는 상대에게 적절하다.

Dear Ms. Lee,
I would like to confirm our appointment for next Monday.
다음 주 월요일로 예정된 약속을 확인드리고자 합니다.

Dear Mr. Kim,

I am writing to request a meeting to discuss the new marketing strategy.

최근 마케팅 전략에 대해 논의하고자 미팅을 요청드립니다.

2 • 친근하고 자연스럽게 쓸 때 Hi, Hello

이미 알고 있는 동료나 친분 있는 상대에게 쓸 수 있는 인사말이다. 너무 딱딱하지 않으면서도 예의를 갖출 수 있어, 비즈니스 관계에서도 친근한 분위기를 유지하고 싶을 때 적합하다. 특히 회의 후 후속 조치나 가벼운 안내 메일 등에 자주 사용된다.

Hi John,

I wanted to check in and see how the project is coming along.

프로젝트 진행 상황이 어떤지 확인하고 싶어 연락드렸어요.

Hello Sarah,

Just a quick note to let you know about the upcoming team lunch.

다가오는 팀 점심 일정에 대해 알려드리려 간단히 메일 드립니다.

두 인사말은 상황과 관계의 정도에 따라 선택하는 것이 중요하다. 처음엔 Dear로 시작하고, 관계가 가까워지면 점차 Hi나 Hello로 바꾸는 것도 좋은 방법이다.

◦ 02 ◦
이메일 시작하기

이메일을 시작할 때, 상대 이름 다음에 어떤 첫 문장을 써야 할지 고민된다면 아래의 표현들을 참고하자. 비즈니스 영어에서는 자주 연락을 주고받는 사이일 경우 인사 없이 바로 본론으로 들어가도 괜찮다. 하지만 처음 연락하는 상대이거나 오랜만에 메일을 보내는 경우에는, 짧은 안부 인사를 한 줄 정도 넣는 것이 좋다.

1 ◦ 정중한 표현
I hope this email finds you well.

가장 자주 쓰이는 표현 중 하나로, 상대방의 안부를 먼저 묻는 말이다. 정중하고 전문적인 인상을 주기 때문에, 비즈니스 메일의 첫 문장으로 매우 적합하다.

Dear Ms. Yoon,
I hope this email finds you well. I am writing to inquire about the new product line your company is launching.
이 메일이 당신에게 잘 닿기를 바랍니다. 귀사가 출시하는 새로운 제품 라인에 대해 문의드리고자 합니다.

2 ◦ 친근한 표현

Hope you're having a great day!

이메일을 조금 더 부드럽고 친근하게 시작하고 싶을 때 적합한 표현이다. 격식을 완전히 벗어나진 않으면서도 편안한 분위기를 만들 수 있다.

Hi Sarah,

Hope you're having a great day! I just wanted to remind you about our meeting tomorrow.

좋은 하루 보내고 있길 바래요! 내일 회의에 대해 다시 한번 알려드리고자 해요.

3 ◦ 공감과 연결감을 주는 표현

Hope everything has been going smoothly on your end.

요즘 일정이나 업무 상황을 배려하며 말문을 여는 표현으로, 공식적인 톤과 친근한 분위기 사이의 중간 지점에 해당한다. 딱딱하지 않으면서도 예의를 갖춘 인상을 주기 때문에, 상황에 상관없이 부드럽게 시작하고 싶은 비즈니스 메일에 적합하다.

Hi David,

Hope everything has been going smoothly on your end. I wanted to follow up on the design revisions we discussed last week.

요즘 업무가 순조롭게 진행되고 있길 바랍니다. 지난주 논의한 디자인 수정 건에 대해 다시 말씀드리고자 합니다.

이처럼 짧고 간단한 인사말 한 줄은 이메일 전체의 인상을 부드럽게 만들어준다. 비즈니스 메일이라고 해서 무조건 딱딱하게 시작할 필요는 없다. 간단한 안부 인사만으로도 예의를 지키면서 자연스럽게 메일을 시작할 수 있다.

> **TIP**
>
> ## 이메일 첫인상, 이렇게 시작하자!
>
> **❶ 정중하게 시작할 땐 Dear로 인사해 보세요.**
> 처음 연락하거나 공식적인 상황이라면 'Dear'를 사용해 예의를 갖춰 보세요.
> **Dear Mr. Lee,**
>
> **❷ 친근하게 시작할 땐 Hi 또는 Hello로 가볍게 인사해 보세요.**
> 이미 알고 있는 동료나 편한 관계에서는 'Hi'나 'Hello'로 자연스럽게 시작할 수 있어요.
> **Hi Sarah, Hello John,**
>
> **❸ 첫 문장은 상황에 맞게 골라 보세요.**
> 격식을 갖추고 싶다면:
> **I hope this email finds you well.**
> 이 메일이 당신에게 잘 닿기를 바랍니다.

조금 더 편하게 시작하고 싶다면:

Hope you're doing great!
잘 지내고 있길 바래요!

공식적인 톤과 친근한 분위기 사이의 중간 지점을 원한다면:

Hope everything has been going smoothly on your end.
요즘 업무가 순조롭게 진행되고 있기 바랍니다.

3

프로 일잘러의 무기,
이메일 본문 Best 15

"메일 본문이 왜 이렇게 어렵지?"

민지 씨는 오늘도 커서만 깜빡이는 화면 앞에 한참을 멈춰 서 있다.

인사말은 이제 어느 정도 익숙해졌지만, 막상 본문을 쓰려니 막막하다.

머릿속에는 전하고 싶은 말이 분명한데, 막상 문장으로 옮기려 하면 손이 멈춘다.

"이렇게 써도 되는 걸까?", "너무 딱딱한 건 아닐까?"

이런저런 생각이 이어지는 사이, 어느새 점심시간이 훌쩍 지나 있다.

사실 이런 고민은 민지 씨만의 문제가 아니다. 많은 직장인늘이 이메일 한 통을 쓰느라 너무 많은 시간을 쓰고, 그만큼 스트레스를 받는다.

결국 ChatGPT를 켜보지만, 그 다음이 문제다.

예시는 잔뜩 나오는데, 지금 내 상황에 진짜 맞는지는 알 수 없다.

'이걸 그냥 그대로 써도 되는 걸까?' 하는 망설임만 더해진다.

하지만 메일 패턴만 제대로 익혀도 이런 고민은 훨씬 줄어든다. 생각보다 이메일에는 반복해서 쓰는 표현이 많다. "자료를 첨부합니다", "일정을 확인해 주세요", "검토 부탁드립니다" 거창해 보이지만, 사실 구조는 대부분 비슷하다. 자주 쓰는 15가지 패턴만 익혀두면, 매번 새 문장을 처음부터 고민하지 않아도 된다.

민지 씨 책상 앞에는 포스트잇 한 장이 붙어 있다. 처음엔 하나하나 참고하며 썼지만, 몇 번 반복하다 보니 어느새 손에 익었다.

패턴은 외우는 것이 아니라, 써보면서 익히는 도구다. 일을 제시간에 끝내고, "일 잘하는 사람"이라는 말을 듣고 싶다면 더 이상 혼자 끙끙대지 말고, 익숙한 패턴부터 꺼내 써보자.

이메일 본문 쉽게 쓰는 패턴 Top 15

1 ● 공지하기

Please note that...

~을 알려드립니다 / 참고하시기 바랍니다

Please note that the office will be closed on Friday.

사무실은 금요일에 휴무입니다.

2 ◦ 후속 연락하기

I just wanted to follow up on…

~에 대해 다시 한번 연락드립니다 / 후속으로 확인드립니다

I just wanted to follow up on the proposal I sent last week.

지난주에 보낸 제안서 관련해 다시 연락드립니다.

3 ◦ 확인 요청하기

Please could you confirm…?

~을 확인해 주시겠습니까?

Please could you confirm your availability for the meeting?

회의 참석 가능 여부를 확인해 주시겠습니까?

4 ◦ 확인하기

I would like to confirm…

~을 확인하고자 합니다

I would like to confirm the details of the order placed last week.

지난주에 주문한 내용의 세부 사항을 확인하고자 합니다.

5 ◦ 문의하기

I am writing to inquire…

~에 대해 문의드리고자 합니다

I am writing to inquire about the status of my application.

제 신청 상태에 대해 문의드립니다.

6 ○ 설명 요청 또는 정정하기

I would like to clarify...

~을 명확히 하고자 합니다

I would like to clarify the procedure for submitting the report.

보고서 제출 절차를 분명히 하고자 합니다.

7 ○ 제안하기

May we suggest that you...

~하는 것이 어떨까요?

With regard to your email about the new policy, may we suggest that you provide more details?

새로운 정책 관련 이메일에 대해, 더 자세한 정보를 제공해 주시면 좋겠습니다.

8 ○ 부탁하기

It would be greatly appreciated if you would...

~해주신다면 감사하겠습니다

It would be greatly appreciated if you would review the attached document.

첨부된 문서를 검토해 주시면 감사하겠습니다.

9 • 요청에 답하기

As you suggested, I am sending you...

제안하신 대로 ~을 보내드립니다

As you suggested, I am sending you the meeting agenda.

제안해주신 대로 회의 안건을 보내드립니다.

10 • 첨부 파일 안내하기

Please find enclosed...

~을 첨부드립니다

Please find enclosed the contract for your review.

검토를 위한 계약서를 첨부합니다.

11 • 컴플레인에 응답하기

We were very sorry to hear about...

~를 유감스럽게 생각합니다

We were very sorry to hear about your recent problem with our service.

당사 서비스와 관련된 문제로 불편을 드린 점 매우 유감스럽게 생각합니다.

12 • 컴플레인 제기하기

I am writing to complain about...

~에 대해 불만을 제기하고자 합니다

I am writing to complain about the delayed shipment.

배송 지연에 대해 이의를 제기하고자 합니다.

13 ◦ 지연에 대해 사과하기

Please accept our apologies for the delay...

~ 지연에 대해 사과드립니다

Please accept our apologies for the delay in responding to your inquiry.

귀하의 문의에 대한 답변이 지연된 점 사과드립니다.

14 ◦ 좋은 소식 전하기

We are delighted to inform you that...

~을 기쁘게 알려드립니다

We are delighted to inform you that your application has been approved.

귀하의 신청이 승인되었음을 기쁘게 알려드립니다.

15 ◦ 안타까운 소식 전하기

Unfortunately, we are unable to...

안타깝게도 ~해드릴 수 없습니다

Unfortunately, we are unable to process your request at this time.

안타깝게도 현재 귀하의 요청을 처리할 수 없습니다.

　　ChatGPT든 검색이든, 이제 필요한 문장은 쉽게 찾을 수 있는 시대다.
　　하지만 중요한 건 단 하나! 그 표현이 '지금 내가 쓰려는 메일'에 맞는지, 맞게 쓰고 있는지 판단하는 힘이다. 그래서 패턴을 아는 건 단순한 편의가 아니다. 정보를 '고르는 기준'을 갖게 해주는 도구다.
　　이제는 '이 문장 써도 되나?' 망설이지 말자. 패턴을 익히면, ChatGPT도 훨씬 똑똑하게 쓸 수 있다. 검색보다 중요한 건, '선택할 수 있는 나의 기준'이니까.

TIP

영어 이메일, 이 패턴만 복사해도 바로 쓴다!

① 공지하기 Please note that…

② 후속 연락하기 I just wanted to follow up on…

③ 확인 요청하기 Please could you confirm…

④ 확인하기 I would like to confirm…

⑤ 문의하기 I am writing to inquire…

⑥ 설명 요청 또는 정정하기 I would like to clarify…

⑦ 제안하기 May we suggest that you…

⑧ 부탁하기 It would be greatly appreciated if you would…

⑨ 요청에 답하기 As you suggested, I am sending you…

⑩ 첨부 파일 안내하기 Please find enclosed…

⑪ 컴플레인에 응답하기 We were very sorry to hear about…

⑫ 컴플레인 제기하기 I am writing to complain about…

⑬ 지연에 대해 사과하기 Please accept our apologies for the delay…

⑭ 좋은 소식 전하기 We are delighted to inform you that…

⑮ 안타까운 소식 전하기 Unfortunately, we are unable to…

4

이메일,
끝맺음 한 줄이 인상을 좌우한다

"사인오프가 뭐예요?"

요즘 민지 씨는 외국어로 이메일을 쓸 때마다 부담을 느끼는 눈치다. 나도 처음 외국인 거래처와 메일을 주고받을 때 비슷한 경험을 했다. '사인오프'의 중요성을 실감하게 된 건, 여러 번의 실수를 겪고 난 뒤였다. 지금은 그 의미를 잘 알고 있고, 상황에 맞게 쓰는 요령도 익숙해졌다.

그렇다면 사인오프Sign-off란 무엇일까? 사인오프는 이메일을 마무리하는 마지막 인사말을 뜻한다. 말 그대로, 메일을 깔끔하게 끝맺는 한 줄이다.

예를 들어,

> Dear Mr. Johnson,
>
> I have attached the latest project proposal for your review. Please let me know if you have any questions.
>
> Best regards,
> Minji Kim

생각해 보면, 대면으로 이야기할 때도 마지막 인사는 중요하다. 상대가 자리를 떠난 뒤에도 오래 기억에 남는 건, 바로 그 '마지막 말'이다.

이메일도 마찬가지다. 내용을 다 써놓고 마지막 인사가 없이 끝내면 어딘가 어색하고 갑작스럽게 느껴진다.

그런데 한국어의 "잘 부탁드립니다" 같은 표현을 영어로 그대로 옮기면 자칫 어색하거나 지나치게 직역된 느낌을 줄 수 있다.

그래서 영어 이메일에는 '사인오프Sign-off'라는 표현이 따로 있다. 이메일 본문을 마치고 이름을 쓰기 전에 넣는 마지막 인사말을 가리킨다.

이 한 줄이 이메일 전체의 톤을 정리해주고, 상대에게 남기는 마지막 인상을 결정짓는다.

적절한 사인오프는 메일에 전문성과 신뢰감을 더해줄 뿐 아니라 상대에게 친근한 분위기를 전달하는 데도 효과적이다.

반면, 상황에 맞지 않거나 지나치게 가벼운 사인오프는 메일 전체를 비전문적으로 보이게 만들 수 있으니 주의가 필요하다.

이메일의 끝맺음도 전략적으로 쓰자.

아래와 같은 표현들을 상황에 맞게 잘 골라 쓰면 도움이 된다.

◦ 01 ◦

공식적인 사인오프

아래와 같은 표현은 비즈니스 상황에서 정중하고 전문적인 인상을 주는 마무리 인사다. 처음 연락하는 상대나 격식을 차려야 하는 상황에 적합하다.

Best regards,

Best wishes,

Respectfully,

Kind regards,

Regards,

◦ 02 ◦

캐주얼한 사인오프

비즈니스 관계가 비교적 가깝고 편안한 사이라면, 아래와 같은 캐주얼하지만 여전히 예의를 갖춘 표현도 사용할 수 있다.

All the best,

Warm wishes,

Thanks,

Talk to you soon,

Cheers,

○ 03 ○
피해야 할 지나치게 캐주얼한 사인오프

아래와 같은 표현은 친한 친구에게나 쓰는 수준의 비격식적 표현이므로, 비즈니스 이메일에서는 사용을 피하는 것이 좋다.

Your friend,

Thanks a bunch,

Peace,

Chat soon

※ 참고로, 사인오프 다음에 들어가는 서명(signature)에는 이름, 직책, 회사명, 연락처, 이메일, 웹사이트 주소 등을 포함하는 것이 좋다. 이렇게 하면 상대방이 쉽게 연락할 수 있어, 커뮤니케이션이 훨씬 원활해진다.

Best regards,

John Smith

Marketing Manager

ABC Company

Phone: +1-234-567-890

Email: john.smith@abccompany.com

Website: www.abccompany.com

5

일감을 줄여주는
회신 노하우 3가지

메일 한 통이 또 다른 메일을 낳는다. 처음엔 간단한 확인이었는데, 답이 애매하면 다시 질문이 오고, 수신자가 불분명하면 "이건 누구 담당인가요?"라는 답장이 따라온다. 이런 식으로 하나의 메일이 여럿으로 늘어나면, 메일을 처리하는 데 쓰는 시간이 일 자체보다 더 많아진다.

결국, 이메일 회신 하나 잘 쓰는 게 회의 한 번 줄이는 것보다 더 강력한 '일 줄이기' 전략이 될 수 있다. 특히 바쁠수록 중요한 건 두 가지다.

'핵심을 분명하게 전달하는 것', 그리고 '상대방이 바로 행동할 수 있도록 쓰는 것'이다.

이 두 가지만 지켜도 불필요한 추가 회신은 대부분 사라진다.

그렇다면, 어떤 방식으로 회신을 써야 '읽자마자 바로 움직이게 만드는 이메일'이 될 수 있을까?

지금부터 소개할 세 가지 방법은 실무에서 직접 써보고 효과를 많이 본 방식이다. 크게 어렵지 않지만, 분명히 일의 양을 줄여줄 수 있는 방법들이다.

◦ 01 ◦
핵심에 집중해라

이메일 회신은 길다고 좋은 게 아니다. 간결하고 명확하게, 핵심부터 전달하는 것이 중요하다. 상대방이 메일을 열었을 때, 가장 먼저 무엇을 해야 하는지 한눈에 보여야 한다. 배경 설명이 길거나 서론이 장황하면, 중요한 메시지가 흐려지고 회신도 늦어지기 마련이다. 영어 표현 중에 Cut to the chase라는 말이 있다. 직역하면 "쓸데없는 말은 자르고 본론으로 가자"는 뜻인데, 바로 이 정신이 이메일 회신에도 필요하다.

다음의 이메일은 너무 장황하고 모호하다.

> **I just wanted to quickly check in and see if maybe you had any thoughts on what we talked about last week — you know, regarding the design proposal we were sort of planning to update soon…**
> 지난주에 이야기했던 그건 말이에요… 그 디자인 제안서 말이죠, 곧 업데이트하자고 했던 거요… 혹시 그에 대해 어떤 생각이 있으신지 그냥 한번 확인차 여쭤보려고요…

다음과 같이 핵심부터 명확하게 전달해야 한다.

> **Just checking in to see if you had a chance to review the design proposal.**
> 디자인 제안서를 검토해보셨는지 확인차 연락드립니다.

말을 줄이되, 전달력은 더 높이자. 상대방의 시간도 아끼고, 내 업무 효율도 함께 올라간다.

◦ 02 ◦

오픈엔드 메일을 피하라

> **Hi John,**
> **It was good talking to you earlier. I'd like to share our design proposal with you this week. What do you think?**
> 아까 이야기 나눠서 반가웠습니다. 이번 주에 저희 디자인 제안서를 공유드리고 싶습니다. 어떻게 생각하세요?

이 메일은 상대에게 열린 질문open-ended question을 던지고 있다. 문제는 이렇게 질문하면 상대가 고민하거나 여러 가지 답변을 할 수 있고, 결정을 내리는 데 시간이 오래 걸리며, 메일을 여러 번 주고받아야 하는 상황이 생길 수 있다는 점이다. 이럴 땐 어떻게 해야 할까? 선택지를 명확히 제시하면 회신이 훨씬 빨라진다.

> Hi John,
>
> It was good talking to you earlier. I'd like to walk you through our design proposal this week. Would you be available for a quick call on Wednesday at 11:30 or Friday at 2?
>
> 아까 이야기 나눠서 반가웠습니다. 이번 주에 저희 디자인 제안서에 대해 간단히 설명드리고 싶습니다. 수요일 11시 30분이나 금요일 2시에 시간 괜찮으실까요?

이처럼 구체적인 옵션을 제시하면, 상대는 예/아니오 또는 선택 1, 2 중 하나로 답하면 되므로 결정이 단순해지고 회신 속도도 빨라진다. 불필요한 대화의 반복 없이, 몇 번의 메일만으로도 일정을 확정할 수 있다.

○ 03 ○
수신인을 구체적으로 지정하라

이메일을 보낼 때 TO와 CC에 누구를 넣느냐는 단순한 형식이 아니라, 업무의 책임자와 참고 대상자를 명확히 구분하는 중요한 신호다. TO에는 실제 업무 담당자 또는 회신 책임이 있는 사람만 넣고, CC에는 그 과정을 알아야 할 사람만 넣는 것이 기본이다.

예를 들어 아래처럼 모두를 TO에 넣으면,

> **TO: Sarah, Jane, Kim**
>
> **Could someone please review the attached design?**
>
> 첨부한 디자인 좀 검토해 주실 수 있을까요?

이메일을 받은 사람들이 '누가 해야 하지?' 하며 서로 눈치만 보다 일 처리가 늦어질 수 있다. 이럴 땐 이렇게 바꿔보자.

> **TO: Sarah / CC: Jane, Kim**
>
> **Sarah, could you review the attached design? Jane and Kim, just keeping you in the loop.**
>
> Sarah, 첨부한 디자인 검토 부탁드릴게요. Jane과 Kim은 참고만 해주세요.

수신인을 명확히 설정하는 것만으로도 불필요한 혼선과 책임 회피를 줄이고, 이메일의 실행력을 높일 수 있다.

TIP

쌓이는 이메일? 일감을 줄이는 스마트한 회신 3가지!

❶ 핵심부터 간결하게 전달해 보세요.
Cut to the chase처럼 불필요한 배경 설명은 줄이고, 핵심 내용을 먼저 말하면 상대도 빠르게 이해할 수 있습니다.

❷ 구체적인 답변을 유도해 보세요.
오픈엔드 질문 대신 명확한 질문을 사용하면 답변이 빠르고 정확해집니다.
Can you confirm the delivery date?
배송일을 확인해 주실 수 있나요?

❸ 담당자를 분명히 지정해 보세요.
업무를 요청할 때는 담당자를 명확히 지정하면 더 원활하게 진행됩니다.
John, could you please take care of this?
John, 이 부분을 처리해 주실 수 있을까요?

6

쏟아지는 이메일, 모두 답해야 할까?

월요일 아침. 노트북을 켜자마자 메일함을 열었더니, 주말 사이 쌓인 이메일이 47통. "이걸 언제 다 보지…" 숨부터 막힌다.

신입 시절의 나도 그랬다. 모든 메일에 빠르게, 정성껏 답장해야 한다는 부담감에 아침부터 점심까지 메일 회신에만 매달렸고, 정작 중요한 보고서나 회의 준비는 늘 밀리곤 했다. 그렇게 시간이 흘러가고, 머릿속은 복잡해졌다. 답장은 해야겠고, 시간은 없고, 결국 대충 넘기거나 놓치는 메일이 생기기 시작했다. 그게 또 불안과 스트레스로 돌아왔다.

그래서 어느 날, 이메일 정리에 능하다고 소문난 이 대리에게 물었다.
"이 대리님… 메일이 너무 많아요. 진짜 다 답장해야 하나요?"
이 대리는 조용히 웃으며 말했다.
"메일은 하나하나 반응해야 할 대상이 아니에요. 중요한 것부터 처리하고, 덜 급한 건 정리하는 감각이 필요해요."

그리고 딱 세 가지만 기억하라고 했다. 그날 들은 이야기, 지금도 잘 써먹고 있다.

◦ 01 ◦
모든 메일이 긴급한 건 아니다

받는 순간은 급해 보이지만, 자세히 보면 지금 당장 처리하지 않아도 되는 메일이 꽤 많다.

예를 들어 팀장님이나 고객에게 온 메일은 우선순위가 높지만, 내부 공지나 홍보 메일, 뉴스레터는 나중에 천천히 봐도 괜찮다.

예전의 나는 그런 구분 없이 도착한 순서대로 답장했다.

그러면 정말 중요한 메일이 묻히고, 신경 써야 할 업무는 계속 뒤로 밀린다.

이 대리는 말했다.

"모든 메일을 동등하게 대하면, 진짜 중요한 일에 쏟아야 할 시간과 에너지를 빼앗기게 돼요."

그 말이 맞았다.

요즘 나는 메일을 열기 전, 먼저 스스로에게 묻는다.

'이건 지금 해야 할 일인가, 나중에 해도 괜찮은 일인가?'

그 한 번의 판단이 일의 흐름을 바꿔놓는다.

◦ 02 ◦
하루 종일 메일만 보다 퇴근할 순 없다

하루를 되돌아보면, 메일 확인하다 흐름이 끊긴 순간이 정말 많다. 회의 준비하다가 알림 뜨면 메일 열고, 보고서 쓰다 말고 또 답장 쓰고. 이러다 보면 몰입은 무너지고, 메일 하나에 20분씩 잡아먹힌다.

이 대리는 하루에 세 번만 메일을 확인한다고 했다.
아침 시작 전에 한 번, 점심 이후에 한 번, 퇴근 전에 한 번.
그 외 시간에는 메일함을 아예 닫아둔단다.
처음엔 너무 극단적인 거 아닌가 싶었지만, 따라 해보니 오히려 마음이 편해졌다. 정해진 시간에 몰아서 정리하고 나머지 시간엔 본업에 집중하는 구조라서 훨씬 효율적이었다.

◦ 03 ◦
자동 정리 시스템을 만들어두자

예전엔 모든 메일을 직접 읽고, 일일이 판단해서 폴더에 옮기곤 했다. 시간도 오래 걸리고, 자꾸 빼먹는 일도 생겼다.

그런데 이 대리는 애초에 메일이 들어올 때부터 자동으로 정리되게 해뒀다. 업무 메일은 '업무 폴더'로, 뉴스레터는 '뉴스레터 폴더'로, 사내 공지는 '알림 폴더'로.

"한 번만 설정해두면 메일이 알아서 정리돼요."

그 말을 듣고 나도 해봤다.

Gmail에서는 라벨과 필터, 회사 메일에선 규칙rule을 설정해두니, 이제는 정말 중요한 메일만 눈에 들어오고, 덜 중요한 건 나중에 한꺼번에 확인한다.

효율이 확 달라졌다.

이메일이 밀렸다고 죄책감을 느낄 필요는 없다.

진짜 중요한 건 '빨리'가 아니라, '적절히' 답장하는 것이다.

모든 메일에 즉각 반응하는 대신, 내 업무 흐름에 맞게 우선순위를 조절하고 시간을 배분하는 능력! 그게 지금 시대의 진짜 일머리다.

문득 이 대리의 말이 다시 떠오른다.

"메일은 반응하는 게 아니라, 운영하는 거예요.

시간을 주도적으로 쓸 수 있도록 말이죠."

메일이 몇 통이든, 내가 휘둘리지 않도록.

내가 주도하는 하루는, 거기서부터 시작된다.

> **TIP**

이메일 폭주, 모두 응답해야 할까?

❶ **중요도와 긴급도를 먼저 구분해 보세요.**
모든 이메일이 즉시 답변이 필요한 것은 아닙니다. 중요한 메일은 우선 처리하고, 덜 중요한 메일은 나중에 확인해도 괜찮습니다.

❷ **이메일 확인 시간을 정해 보세요.**
하루 종일 메일함을 열어두기보다, 정해진 시간에만 이메일을 확인하면 업무 집중도가 높아집니다.
예: 오전 10시, 오후 2시, 퇴근 전 5시

❸ **이메일 자동 분류 기능을 활용해 보세요.**
수신함이 넘치지 않도록 필터 설정으로 메일을 자동 분류하세요.
예: 중요한 메일은 '중요' 폴더로, 뉴스레터는 '참고' 폴더로 자동 이동.

3주차

글로벌 일잘러로 등극하는 영어 회의 치트키

BUSINESS ENGLISH CLASS

1
긴장하지 말고
영어 회의 이렇게 시작하자

처음 영어 화상 회의를 리드하게 된 날을 아직도 잊지 못한다.

캐나다에 있는 PM, 중국 개발자, 유럽 디자인팀, 인도 QA 매니저까지.
모니터 속 화면은 국적별 타임존을 따라 하나둘 켜지고 있었고,
화면에 뜨는 이름만 봐도 어깨가 무거워졌다.
'내가 이 회의를 주도한다고? 정말 괜찮은 걸까?'
회의는 시작도 안 했는데, 심장은 먼저 자기 일을 시작했다.

조용한 대기 화면 속, 모두가 말없이 자리에 앉아 있었고
나도 카메라를 켠 채 멍하니 모니터만 바라보고 있었다.
그 조용함이 더 무섭게 느껴졌다.

말을 꺼내야 할 것 같지만 아직 시작 전이라,
괜히 물 한 모금 마시고, 자세를 고쳐 앉고,
화면에 비친 내 표정을 확인하며 애써 평정을 유지했다.
속으로 준비해둔 멘트를 몇 번이고 반복했다.

"Hi, everyone. Thanks for joining today's call…"
안녕하세요, 여러분. 오늘 회의에 참석해 주셔서 감사합니다…

익숙하게 들리게 하려다 보니, 내 발음조차 낯설게 느껴졌다.

그리고 마침내, 회의 시작 시간.
마이크를 켰다.

"Hi, everyone."

계획된 인사, 연습한 톤.
하지만 그 짧은 한마디에 온 신경이 쏠렸다.
'목소리 떨리지 않았나?', '너무 빨랐나?', '말이 꼬였나?'
누군가 고개를 숙이는 걸 보며 '기지개 켠 건가?', '내 말이 지루한가?'… 혼잣말이 꼬리를 물었다.

그리고, 정적.

내 인사말 이후 몇 초간 이어진 침묵은 유독 길게 느껴졌다.
참석자들은 화면만 바라보고 있었고,
그 시선들이 전부 나에게 꽂히는 것처럼 느껴졌다.
아무도 말을 잇지 않았고, 공기는 묵직하게 가라앉았다.
'지금 내가 무슨 말을 한 거지?'
멘트를 제대로 전달했는지조차 기억이 나지 않았다.

그 어색한 시작.
그땐 내가 한 말과 표현에 그렇게까지 신경을 썼다.
왜 그렇게 거기에 매달렸는지…
지금은 안다. 영어 회의에서 중요한 건 멋진 표현이 아니라, 참석자들이 편하게 입을 열 수 있도록 분위기를 만들어주는 것이라는 걸.

그리고 그 분위기는, 회의가 시작되는 바로 그 순간에 이미 판가름 난다.

회의 초반이 딱딱하고 무거우면, 사람들은 쉽게 입을 열지 못한다. 특히 영어가 익숙하지 않은 참석자일수록 '지금 말해도 되나?', '혹시 틀리면 어쩌지?' 하며 더 조심스러워진다.
결국 몇 명만 말하고, 나머지는 침묵하게 된다.
아이디어는 나오지 않고, 회의는 일방적으로 흐르고, 30분짜리 회의는 50분간 어색한 공기만 맴돌다 "이건 다음에 다시 논의하죠."라는 말로 끝나버린다.

중요한 건 또 있다.
회의의 목적과 흐름을 초반에 잡아주는 것.
그걸 짚지 않으면 이야기는 쉽게 옆으로 새고, 사소한 안건에 시간을 다 쓰고, 정작 중요한 논의는 "다음에"로 밀려난다.
회의는 끝났지만 정리는 안 됐고, 결정은 미뤄졌고,
참석자들의 머릿속엔 이런 말만 남는다. '오늘 회의, 뭐 하나 정해진 게 있나?'

그래서 나는 지금도 말한다.

"영어 회의의 시작은 단순한 인사말이 아니라, 흐름을 여는 신호입니다."

그렇다면, 영어 회의. 도대체 어떻게 시작해야 참석자들이 긴장을 풀고, 대화에 집중할 수 있을까?

◦ 01 ◦
회의 시작 인사말

회의를 어떻게 시작하느냐에 따라 분위기가 완전히 달라진다. 너무 딱딱하게 시작하면 참석자들 얼굴이 굳고, 너무 캐주얼하면 '지금 회의 맞나?' 싶을 정도로 흐트러질 수 있다. 그래서 중요한 건 바로 '편안하지만 신뢰감 있는 첫 마디'를 고르는 것이다. 처음 몇 마디가 회의 전체의 톤을 정한다는 걸 기억하자. 말 한마디로 사람들의 긴장을 풀 수도 있고, 반대로 더 얼어붙게 만들 수도 있다.

Good afternoon, everyone. Thank you all for joining today despite your busy schedules.
안녕하세요, 여러분. 바쁘신 와중에도 참석해 주셔서 진심으로 감사드립니다.

It's a pleasure to have you all here. Shall we get started?
여러분을 모시게 되어 기쁩니다. 시작해도 될까요?

Good morning, everyone. I appreciate your time. Let's begin with today's agenda.
여러분, 안녕하세요. 시간 내 주셔서 감사합니다. 오늘 안건부터 시작하겠습니다.

○ 02 ○

회의 목적 설명

영어 회의를 잘 이끌고 싶다면, 시작하자마자 이렇게 말해보자. "오늘 회의에서 우리가 꼭 정해야 할 건 이거예요." 이 한마디만으로도 회의의 중심이 잡히고, 사람들의 시선이 달라진다. 목표가 뚜렷하면 모두가 같은 방향을 바라보게 되고, 불필요한 말돌림이나 주제 이탈을 막을 수 있다. 반대로, 목표 없이 회의를 시작하면 이야기를 한참 하다가 "그래서 지금 뭘 정하려는 거였죠?"라는 말이 나오기 쉽다. 그러니까 회의의 첫 흐름은, '왜 이 자리에 모였는지'를 딱 짚어주는 것부터 시작하자.

The primary objective of today's meeting is to finalize the project timeline and assign team responsibilities.
오늘 회의의 주요 목표는 프로젝트 일정을 확정하고 팀원들의 역할을 분담하는 것입니다.

Today we're here to figure out the best approach for the new campaign.
오늘 우리는 새 캠페인을 위한 최선의 접근법을 찾기 위해 모였습니다.

This meeting is to review the client feedback and decide how we'll respond.
이번 회의는 고객 피드백을 검토하고 대응 방안을 결정하기 위한 것입니다.

○ 03 ○
회의 안건 소개

회의의 흐름을 예측할 수 있게 해주는 건 안건 소개다. 참석자들이 오늘 어떤 주제를, 어떤 순서로 다룰지 미리 알게 되면 집중하기가 훨씬 쉬워진다. 특히 영어 회의에서는 미리 구조를 제시해주는 것이 중요하다. 내용이 익숙하지 않더라도 흐름이 보이면 따라갈 수 있기 때문이다. 회의의 목적이 방향을 잡아주는 나침반이라면, 안건은 그 여정을 안내하는 지도이다.

To keep the discussion focused, we'll follow this order: design feedback, budget check, and timeline confirmation.
논의가 집중되도록, 디자인 피드백 → 예산 검토 → 일정 확정 순서로 진행하겠습니다.

Let me briefly walk you through today's agenda. First, we'll check the progress on our current tasks, then talk about who will handle what this week."
오늘 안건을 간단히 안내드리겠습니다. 먼저 현재 업무 진행 상황을 점검하고, 이번 주 각자 맡을 일을 정하겠습니다.

To start off, I'll go over what we'll be talking about today. We'll first share any updates from each team, then move on

to preparing for next week's client meeting.
먼저 오늘 어떤 내용을 다룰지 간단히 말씀드릴게요. 먼저 각 팀의 업데이트를 공유한 다음, 다음 주 고객 미팅 준비로 넘어가겠습니다.

◦ 04 ◦
회의의 기대 사항 전달

회의를 단순히 '듣고만 가는 자리'로 만들고 싶지 않다면, 참석자들에게 무엇을 기대하는지 처음부터 분명히 알려줘야 한다. 예를 들어 "아이디어를 자유롭게 나눠 주세요", "결정을 내려야 하니 의견을 꼭 주세요"처럼 구체적으로 말해주는 거다. 이렇게 기대치를 분명히 하면, 참석자들도 '어떻게 참여해야 하는지' 감을 잡고 훨씬 적극적으로 움직인다. 특히 영어 회의에서는 더 중요하다. 말 한마디 꺼내는 것도 부담스러운 상황에서, 기대 역할이 모호하면 그저 조용히 듣기만 하게 되기 쉽다. 그래서 회의 초반, 역할과 기대를 짧고 명확하게 말해주는 것이 회의의 몰입도와 생산성을 좌우한다.

By the end of this meeting, I expect us to have a clear action plan with assigned responsibilities and deadlines.
이 회의가 끝날 때까지는 책임자와 마감일이 명시된 명확한 실행 계획을 마련하기를 기대합니다.

Our goal is to leave this room with at least three concrete solutions to the challenges we're facing.
우리가 직면한 과제에 대해 최소 3개의 구체적인 해결책을 마련한 상태로 회의실을 나가는 것이 목표입니다.

By the time we wrap up, I want us to have at least one 'aha!' moment that moves us forward.
회의를 마칠 때쯤에는 우리를 앞으로 나아가게 할 최소 한 개의 깨달음을 얻었으면 좋겠습니다.

TIP

영어 회의, 이렇게 시작하면 성공적!

❶ 회의 시작 인사말로 분위기를 열어 보세요.

Good afternoon, everyone. Thank you all for joining today despite your busy schedules.

여러분, 안녕하세요. 바쁘신데도 회의에 참석해 주셔서 감사합니다.

❷ 회의 목적을 먼저 명확히 설명해 보세요.

The primary objective of today's meeting is to plan our upcoming Halloween promotion event.

오늘 회의의 주요 목표는 다가오는 할로윈 프로모션 행사를 기획하는 것입니다.

❸ 회의 안건을 깔끔하게 소개해 보세요.

Let me walk you through the agenda: we'll start with reviewing last year's sales data, then brainstorm new creative ideas, and finally assign tasks for decoration and promotion.

안건을 설명드리겠습니다. 먼저 작년 판매 데이터를 검토하고, 새로운 아이디어를 브레인스토밍한 다음, 장식과 홍보를 위한 업무를 분담하겠습니다.

❹ 회의의 기대 사항을 분명히 전달해 보세요.

Let's make sure we all walk away with clear next steps — who's doing what by when.

회의가 끝날 때는 누가 무엇을 언제까지 해야 하는지 분명히 정하고 마무리합시다.

2

집중도를 높이는
회의 분위기 만들기

회의라고 하면 흔히들 이런 장면을 떠올린다. 날카로운 질문이 오가고, 아이디어가 쏟아지고, 의견이 부딪히며 불꽃이 튀는 모습.

하지만 현실은 생각보다 조용하다. 특히 회의가 반복될수록, 긴장감은 사라지고 화면 앞엔 느슨한 공기만 감돈다.

내가 매주 참석하는 프로젝트 점검 회의도 그랬다. 다뤄야 할 이슈는 있었지만, 진행 방식은 늘 똑같았다. 말하는 사람은 정해져 있었고, 관련된 몇 명만 간간이 반응을 보였다.

회의가 시작된 지 10분도 안 돼, 내 눈은 화면이 아니라 책상 위로 향해 있었다.

이야기가 길어질수록 마우스 클릭 소리만 들렸고, 채팅창도 조용했다. 그렇게 '한 시간짜리 알림'처럼 지나가는 회의.

당연히 집중도는 낮고, 생산성은 더 낮았다.

그러던 어느 날, 협업 중이던 다른 부서의 회의에 참석하게 된 적이 있었다. 내용 자체도 흥미로웠지만, 그보다 더 인상 깊었던 건 회의를 이끄는 방식이었다.

회의는 조용히 시작됐고, 리더는 특별히 말을 많이 하지 않았다. 하지만 중간중간 자연스럽게 흐름을 끊지 않으면서도 참여를 유도하는 장면이 눈에 띄었다.

한 사람이 말을 오래 이어가자, 리더가 이렇게 말했다.

Let's hear a quick thought from someone on the design side — anything to add or flag?

디자인 쪽에서는 어떻게 보시나요? 추가로 짚어주실 부분이 있을까요?

그 말에 멈춰 있던 흐름이 다시 움직였다.

다른 팀원이 말에 가볍게 응답하면서, 분위기가 다시 살아났.

또 다른 순간엔, 논의가 길어질 때 이렇게 정리했다.

Just to keep us on track — does anyone see a blocker here, or are we aligned?

논의 흐름을 이어가려면 지금 이 부분에서 걸리는 점이 있는지, 아니면 다들 같은 방향인지 알려주세요.

강하게 끊거나 몰아붙이는 말투는 아니었지만, 그 짧은 말 한마디가 흐름을 다시 정리하고, 모두를 회의 안으로 끌어들였다.

회의를 잘 이끈다는 건, 말을 많이 하거나 앞에서 끌고 가는 것이 아니었다. 흐름이 끊기지 않도록 조율하는 것.

진짜 회의를 움직이는 힘은 바로 거기서 나왔다.

그리고 그 틀은 복잡한 기술에서 나오지 않는다.

참여를 유도하고, 흐름을 정리하며, 다음 단계로 자연스럽게 이어주는 아주 작고 단순한 말과 행동에서부터 시작된다.

◦ 01 ◦
참여 유도

회의는 말하는 몇 사람만의 무대가 아니다. 하지만 그렇다고 해서 모든 사람이 알아서 입을 여는 것도 아니다. 특히 영어 회의처럼 긴장되는 자리에서는, 누군가 자연스럽게 말문을 틔워줘야 참여가 시작된다. 그래서 회의 초반에는 '누구든 한마디쯤 할 수 있는 가벼운 분위기'를 만들어주는 것이 중요하다. 잘 던진 한 문장이 회의의 분위기를 바꾸고, 사람들의 자세를 바꾼다.

Let's do a quick round. Just one thing you've been working on lately.

간단히 돌아가며 이야기해 볼까요. 요즘 어떤 일 하고 계신지 한 가지만요.

Before we dive in, I'd love to hear a quick check-in from everyone.

본격적으로 시작하기 전에, 모두 한마디씩 근황을 나눠보면 좋겠어요.

To get things started, could each of you share something that went well this week?

시작하기 전에, 이번 주에 잘된 일 하나씩만 공유해 주실 수 있을까요?

○ 02 ○

의견 요청

회의에서 진짜 대화가 시작되는 순간은 언제일까? 발표자가 말할 때가 아니라, 참석자들이 하나둘씩 입을 열고 의견을 나누기 시작할 때다. 그래서 중요한 건 '언제, 어떻게' 의견을 물어보느냐이다. 너무 갑작스럽게 물으면 부담을 주고, 너무 늦으면 대화의 흐름을 놓친다. 의견을 강요하지 않으면서도 자연스럽게 참여를 유도하는 표현을 적절한 타이밍에 꺼낼 수 있다면, 회의는 훨씬 더 몰입도 높고 생산적인 방향으로 흘러간다.

What are your thoughts on this?

여기에 대해 어떻게 생각하세요?

Does anyone see it differently?

다르게 보시는 분 계신가요?

I'd love to hear from someone who hasn't spoken yet.

아직 말씀 안 하신 분 의견도 듣고 싶어요.

○ 03 ○

명확히 하기

회의 중엔 가끔 이런 순간이 온다. '어… 방금 그 말은 무슨 뜻이지?' 하지만 다들 고개만 끄덕이고 넘어가버린다. 그 결과? 회의가 끝난 뒤에야 '아, 그게 그런 뜻이었어?' 하며 딴소리를 하고 있었던 서로를 발견하게 된다. 그래서 필요한 것이 바로 '명확히 하기'이다. 상대의 말을 정확히 이해했는지 확인하고, 맥락이 흐릿한 부분은 살짝 짚고 넘어가야 한다. 단순히 "네네"로 때우지 않고, "그 말씀을 이런 의미로 이해해도 될까요?" 하고 한 번쯤 확인해 주는 것. 이 작은 정리는 회의의 논리적 흐름을 정비해주고, 불필요한 오해를 미리 막는 똑똑한 습관이 된다.

Just to clarify, are you saying that…?

확인 차 여쭤보는데요, 말씀하신 게 …라는 뜻인가요?

Could you elaborate on that a bit more?

그 부분을 조금만 더 자세히 설명해 주실 수 있나요?

I want to make sure we're on the same page.
똑같이 이해하고 있는지 확인하고 싶어요.

◦ 04 ◦
주제 이어가기

회의가 잘 굴러가려면, '다음 이야기로 넘어가는 타이밍'을 놓치지 않는 게 중요하다. 한 주제에 대해 충분히 이야기했다면, 누군가는 자연스럽게 다음 화두를 던져야 한다. 그렇지 않으면, 말은 끝났는데 분위기는 어정쩡하고, 갑자기 정적이 흐르거나 아무 상관없는 얘기로 새어나가기 쉽다. 이럴 때 필요한 건 간단한 연결 멘트다. "그럼 이 부분은 이 정도로 정리하고요" 또는 "다음 안건으로 넘어가 볼게요" 같은 말 한마디가 회의 흐름을 매끄럽게 이어준다.

Let's wrap up this point and move on to the next item.
이 주제는 여기서 마무리하고, 다음 안건으로 넘어가죠.

Now that we've covered that, let's shift our focus to…
이 부분을 다뤘으니, 이제 …에 집중해 볼까요?

Before we run out of time, let's take a look at...

시간이 부족해지기 전에 …을 살펴보죠.

TIP

회의가 막히지 않으려면? 술술 이어지는 대화 기술!

❶ 질문으로 참여를 유도하세요.

What do you think is a good direction for our next campaign?

다음 캠페인을 어떤 방향으로 하면 좋을지 의견을 듣고 싶습니다.

❷ 상대방의 의견을 자연스럽게 이어가세요.

That's a good idea. What do others think? Should we focus on Instagram, or try something new?

좋은 의견이에요. 다른 분들은 어떻게 생각하세요? 인스타그램에 집중할까요, 아니면 다른 방법도 시도해볼까요?

❸ 중요한 내용은 확인하세요.

Just to check, do you mean we should use some of our budget for YouTube ads, too?

확인차 여쭙자면, 유튜브 광고에도 예산을 조금 쓰자는 말씀이신가요?

❹ 주제는 깔끔하게 전환하세요.

Okay. I'll ask the digital team to find the cost for YouTube ads. Alright, moving on.

좋습니다. 유튜브 광고 비용은 디지털팀에 알아보겠습니다. 그럼, 다음으로 넘어갈게요.

3

흐름을 조율하고
시간 효율 높이기

회의는 결국 사람 사이의 대화다. 서로 다른 생각이 오가고, 질문과 피드백이 이어지면서 더 나은 결론에 도달해가는 과정이다.

그래서 회의에서는 누군가만 말하는 게 아니라, 모두가 자연스럽게 말할 수 있는 분위기를 만드는 게 중요하다. 특히 말수가 적은 구성원의 의견도 끌어낼 수 있어야 한다. 그런 조율이 있어야 회의가 한 방향으로 치우치지 않고, 팀 전체의 관점이 반영된 결정이 나온다.

그런데, 거기서 끝나선 안 된다. 회의의 '질'을 높이려는 노력과 함께 꼭 필요한 게 하나 더 있다. 바로 '줄이려는 노력'이다.

무엇을 줄여야 할까? 시간이다. 아무리 좋은 대화가 오갔다 해도, 회의가 너무 길어지면 주제가 자꾸 새고, 결국 중요한 이야기는 다 못하고 "이건 다음에 다시 이야기하죠"로 끝나버리기 쉽다.

그렇게 회의가 길기만 하면, 남는 건 피로감뿐이다.

그래서 회의는 효과도 중요하지만, 효율도 함께 챙겨야 한다.

한 번은 영어 화상 회의에서였다. 회의는 점점 길어졌고, 좀처럼 끝날 기미가 보이지 않았다. 한 참석자가 말을 길게 이어가더니, 중간중간 주제를 벗어났다가 다시 돌아오기를 반복했다. 카메라 속 얼굴들은 점점 멍해졌고, 나도 모르게 시계를 몇 번이나 흘끗 봤는지 모르겠다.

그렇게 회의가 길어질수록, 머릿속엔 같은 생각이 계속 맴돌았다.

'지금 말을 끊어야 할까?'

'근데 괜히 무례하게 보이면 어쩌지?'

'이건 다음에 다루자'고 말하고 싶은데, 어떻게 해야 부드러울까?'

영어 회의에서는 이런 고민이 더 조심스러워진다.

말을 끊거나, 화제를 전환하거나, 반대 의견을 말할 때 — 말투 하나, 표현 하나에 신경을 더 써야 한다.

괜히 어투가 딱딱하거나 직설적으로 들리면, 분위기가 순식간에 싸해질 수 있기 때문이다.

그래서 필요한 것이 정중하지만 명확하게 흐름을 조율할 수 있는 말이다.

회의가 엉뚱한 방향으로 새기 전에 슬쩍 방향을 바로잡고, 참석자 모두가 같은 목표를 향하고 있다는 느낌을 주는 것. 그게 바로 회의를 이끄는 리더의 역할이다.

그렇다면 실제 회의 중엔 어떤 순간에, 어떻게 말해야 흐름을 놓치지 않고 자연스럽게 이어갈 수 있을까?

◦ 01 ◦
정중하게 끼어들기

회의 중엔 누군가의 말이 너무 길어지거나, 주제가 옆길로 새는 순간이 생긴다. 그럴 땐 조심스럽게 흐름을 다시 잡아줘야 한다. 갑자기 끊으면 어색해지기 쉽기 때문에, 예의를 지키면서도 자연스럽게 끼어드는 한마디가 필요하다.

Would you mind if I briefly stepped in here?
잠시 말씀드려도 괜찮을까요?

That's an interesting point — can we circle back to the main topic?
흥미로운 얘기인데, 다시 본론으로 돌아가도 될까요?

Let's park that idea for now and revisit it later.
그건 일단 보류하고 나중에 다시 얘기하죠.

◦ **02** ◦

화제 전환

회의에서 다음 주제로 넘어갈 때는 말 한마디에도 신경을 써야 한다. 갑자기 화제를 바꾸면 흐름이 뚝 끊기고, 참석자들은 '어? 갑자기 왜 이 얘기지?' 하고 당황할 수 있다. 그래서 앞선 내용을 살짝 짚어주면서 다음 주제로 자연스럽게 이어주는 연결고리가 필요하다. 회의의 리듬은 그런 말에서 만들어진다.

Before we move on, is there anything else to add? If not, let's shift to the next topic.
다음으로 넘어가기 전에 더 덧붙일 게 있을까요? 없다면 다음 주제로 넘어가겠습니다.

Speaking of [previous topic], this ties in well with our next agenda item.
[이전 주제] 얘기가 나온 김에, 다음 안건과도 연결되는 부분입니다.

Let's wrap up this point here and take a look at the next issue on our list.
이 주제는 여기서 마무리하고, 다음 안건으로 넘어가겠습니다.

○ 03 ○
반대 의견 처리

회의에서는 다양한 의견이 오가는 만큼, 때때로 반대 의견도 나온다. 그 순간이야말로 진행자의 진짜 역량이 드러나는 순간이다. 단순히 "아니요"라고 끊어버리면 대화는 거기서 멈춘다. 중요한 건, 상대의 의견을 존중하면서도 새로운 시각을 제시하거나 현실적인 방향으로 이끄는 것이다. 물론 모두의 의견을 다 수용할 순 없다. 받아들이기 어려운 제안이라면, 의도는 이해하지만 지금 논의의 방향이나 여건상 어려운 이유를 솔직하게 설명해주는 것이 필요하다.

That's a valid point. At the same time, we also need to consider the current constraints we're facing.
말씀해주신 부분도 일리가 있습니다. 동시에, 우리가 현재 직면한 제약들도 함께 고려해야 할 것 같습니다.

I see where you're coming from, but from a feasibility standpoint, we might need to explore other options.
말씀하신 배경은 이해합니다만, 실행 가능성 측면에서 다른 방안들도 검토해봐야 할 것 같습니다.

You raise a good point, though it may not align with our

current priorities. Perhaps we can revisit it in a future discussion.

좋은 지적이십니다만, 지금 당장의 우선순위와는 다소 거리가 있어 보입니다. 다음 논의에서 다뤄보면 어떨까요?

○ 04 ○

시간 관리

회의가 효율적으로 굴러가려면, 단순히 말이 오가는 것만으로는 부족하다. 시간에 대한 감각을 놓치지 않고, 논의의 흐름을 잘 조율하는 게 핵심이다. 특히 대화가 길어지거나 본래 목적에서 슬금슬금 벗어날 때, 그때가 바로 진행자의 출동 타이밍이다. 적절한 시간 언급과 정리 멘트 하나가 회의의 집중도를 다시 끌어올리고, 마무리의 완성도를 높여준다.

We have about 10 minutes left, so let's focus on wrapping up the key points.

남은 시간이 약 10분 정도라, 핵심 내용을 중심으로 정리해 보겠습니다.

This is an important discussion, but to stay on schedule, let's park this for now and revisit it later if time allows.

중요한 논의이긴 하지만, 일정에 맞추기 위해 일단 여기서 멈추고 나중에 시간 되면 다시 다

루죠.

Just a quick time check — we have about 10 minutes left. Shall we move on to the final item?

간단히 시간 확인 드리면, 약 10분 정도 남았습니다. 마지막 안건으로 넘어갈까요?

4

회의에서 끝나지 않게, 실행까지 이어지는 마무리

회의는 끝났다. 그런데 일은 시작이 안 된다.

분명 다 같이 고개를 끄덕이며 "좋습니다", "그렇게 하죠"라고 말했는데 — 누군가는 "김 대리가 정리해서 메일 줄 거예요"라고 믿었고, 김 대리는 "그거 우리 쪽에서 하는 건 아니잖아요?" 하고 있고, 나는 "어? 결국 우리가 하기로 한 거였어?"라는 메신저를 받고 어안이 벙벙하다.

이쯤 되면 회의가 끝난 게 아니라 미스테리 스릴러의 시작이다.

이런 상황, 영어 회의에서는 더 심각하다.

화상 회의가 끝나자마자 사람들은 빠르게 로그아웃한다.

분위기상 '이제 그만하자'는 흐름은 있었지만, '정확히 누가, 무엇을, 언제까지' 할지에 대한 정리는 빠져 있었다.

그렇다고 회의 끝나고 다시 "아까 그거 우리 쪽이 맞죠?" 하고 묻기도 애매하다.

메일로 한 줄 보내자니 괜히 "그때 못 알아들었구나?" 하는 눈치가 무섭고, 조용히 넘어가자니 내가 나중에 욕먹을 것 같다.

그래서 회의의 진짜 마무리는 "그럼 이상입니다"가 아니라
Let me quickly summarize what we've agreed on.
(우리가 합의한 내용을 간단히 정리해 볼게요.)
이 한마디에서 시작된다.
회의 내용을 정리하는 건 단순히 깔끔하게 끝내려는 예의가 아니다.
그 순간부터 진짜 일이 움직이기 시작하기 때문이다.
그렇다면, 실제 회의에서는 어떻게 말해야 자연스럽게 흐름을 정리하고 마무리할 수 있을까?

○ 01 ○
회의 요약하기

회의가 끝날 무렵, 누군가 한마디로 정리를 안 해주면 이상하게 찝찝하다. "그래서 뭐가 정리된 거지?"라는 말은 하지 않아도 눈빛에서 느껴진다. 이럴 때, 간단한 요약 한 줄만 있어도 회의가 허공으로 흩어지지 않는다. 짧게라도 핵심을 정리해 주면, 모두가 같은 페이지 위에 있는지 확인할 수 있고, 회의가 '대화'에서 '실행'으로 넘어갈 수 있다.

Let me quickly summarize what we've discussed.
우리가 논의한 내용을 간단히 정리해 볼게요.

→ 회의 끝부분에서 자연스럽게 정리할 때 쓰기 좋은 기본형.

Just to make sure we're all on the same page, here's what we've agreed on.
우리가 모두 똑같이 이해하고 있는지 확인하는 차원에서, 협의된 내용을 정리해 보겠습니다.

→ 오해 없이 다음 단계로 넘어가기 전에 확인할 때 유용.

Before we wrap up, let's go over the key takeaways from today's meeting.
회의를 마무리하기 전에, 오늘 회의의 핵심내용을 짚어 보겠습니다.

→ 회의 마무리 직전, 행동 항목 중심으로 정리할 때 좋음.

○ 02 ○

행동 항목 할당하기

회의에선 아이디어가 넘쳐났지만, 끝나고 나면 아무도 손을 안 댄다. "그건 누가 하기로 했죠?"라는 말이 나오는 순간, 이미 늦은 거다. 회의 직후 각자 맡을 일을 분명히 정해두면, 그때부터 일이 굴러가기 시작한다. 모호한 "이건 좀 논의해보죠"보다는 "A님이 금요일까지 초안 작성, B님이 검토"처럼 구체적으로 나눠야 회의가 말잔치가 아닌 실행의 출발점이 된다. 누가, 뭘, 언제까지 — 이 세 가지만 정리되면 회의는 절반은 성공한 셈이다.

So let's have Rachel draft the proposal by Friday, and then James can review it over the weekend.
그럼 Rachel이 금요일까지 제안서 초안을 작성하고, James가 주말 동안 검토하는 걸로 하죠.

Can I ask you, Minh, to put together a rough timeline by tomorrow? We'll refine it together next week.
Minh, 내일까지 대략적인 일정표 한번 만들어 주실 수 있을까요? 다음 주에 같이 다듬으면 될 것 같아요.

Just to clarify—Lina is handling the client call, and Paul will follow up with the email summary by Thursday, correct?
확인차 말씀드리면, Lina가 고객 통화를 맡고, Paul이 목요일까지 이메일 요약을 보내는 거 맞죠?

◦ 03 ◦
질문이나 의견 받기

회의가 끝나기 직전, "혹시 질문 있으신가요?" 한마디가 분위기를 바꾼다. 그냥 형식적으로 묻는 게 아니라, 정말로 의견을 들을 의지가 있다는 신호다. 특히 말없이 지나가면, 나중에 '그때 말했어야 했는데…'라는 아쉬움이 남기 쉽다. 회의 중에 다 못한 이야기나, 지금 떠오른 우려사항은 이 마지막 순간에 나올 수 있다.

Does anyone have any questions or anything they'd like to add?
질문 있으시거나, 덧붙이고 싶은 내용 있으신가요?

If there's anything we might have missed or need to discuss further, please feel free to bring it up.
혹시 우리가 놓친 부분이나 더 논의가 필요한 내용이 있다면 편하게 말씀해 주세요.

If everything's clear, we'll wrap up here. Any final questions or points to go over?
모든 게 괜찮으시면 여기서 마무리하겠습니다. 마지막으로 질문이나 확인할 사항 있으신가요?

◦ **04** ◦

다음 회의 일정 잡기

회의가 끝날 무렵, "그럼 다음 회의는 언제쯤 다시 만날까요?" 한마디가 흐름을 이어주는 다리가 된다. 따로 메일 돌리며 일정을 잡느라 시간을 낭비하기보단, 참석자들이 모두 모인 자리에서 미리 정해두는 게 훨씬 효율적이다. 특히 진행 중인 과제가 있다면, 그 중간 점검이나 결과 공유 시점을 함께 정해두는 것이 좋다. "다음 주 수요일 오전 괜찮으세요?"처럼 구체적인 날짜와 시간을 제안하면 논의가 빠르게 정리된다.

Shall we schedule the next meeting before we wrap up today?
오늘 회의를 마무리하기 전에 다음 회의 일정을 정해둘까요?

Would next Wednesday at 10 a.m. be a suitable time for our follow-up meeting?
다음 회의는 다음 주 수요일 오전 10시에 진행해도 괜찮을까요?

To ensure continuity, may I suggest setting a tentative date for our next discussion?
논의의 연속성을 위해 다음 회의 일정을 잠정적으로 잡는 것을 제안드려도 될까요?

○ 05 ○

회의 종료하기

회의가 끝났는지 아닌지 헷갈릴 정도로 어영부영 마무리되는 경우,

괜히 뒷말만 길어진다. 그래서 마지막 한마디가 중요하다. "그럼 이만 흩어지시죠" 대신, 회의를 잘 정리하면서도 긍정적인 여운을 남기는 마무리가 필요하다. "좋은 의견 감사합니다. 오늘 내용은 정리해서 곧 공유드릴게요"처럼 한 문장만 있어도 회의가 깔끔하게 끝난다.

Thank you all for your valuable input today. We'll follow up with a summary shortly.
오늘 귀중한 의견들 감사합니다. 곧 회의 요약본을 공유드리겠습니다.

Great discussion, everyone. Let's keep up the momentum and move forward with the next steps.
모두 좋은 논의 감사합니다. 이 흐름을 이어서 다음 단계도 잘 진행해 봅시다.

If there's nothing else, we'll close the meeting here. Thanks again for your time and contributions.
더 이상 없으시면, 이만 회의를 마치겠습니다. 시간 내 주시고 의견 주셔서 다시 한번 감사합니다.

TIP

영어 회의, 이 4가지로 완벽하게 끝낸다!

❶ 핵심 내용은 간결하게 요약해 보세요.

논의된 내용을 깔끔하게 정리하면 모두가 이해하기 쉽습니다.

To summarize…

요약하자면…

❷ 누가 무엇을 언제까지 할지 명확히 정하세요.

책임과 마감일을 분명히 지정하면 후속 작업이 원활해집니다.

You will be responsible for…

당신이 …를 담당해 주시게 됩니다

❸ 질문이나 추가 의견을 마지막으로 확인해 보세요.

열린 대화로 추가 의견을 받을 기회를 제공합니다.

Any questions or comments?

질문이나 의견 있으신가요?

❹ 다음 회의 일정을 미리 조율해 보세요.

회의가 끝나기 전에 다음 회의 일정을 정하면 시간 관리가 수월합니다.

Shall we schedule the next meeting now?

다음 회의 일정을 지금 잡을까요?

4주차

청중을 사로잡는 영어 프레젠테이션 비법

BUSINESS ENGLISH CLASS

1
첫 문장이
발표의 흐름을 결정한다

'뭐라고 시작하지…?'

발표를 앞두고 누구나 한 번쯤 해보는 고민이다.

자료는 나름 꼼꼼히 준비했지만, 막상 청중 앞에 서면 첫 문장이 쉽게 나오지 않는다.

"그럼 지금부터 발표 시작하겠습니다."라는 말이 습관처럼 떠오르지만, 막상 입 밖으로 꺼내기 망설여진다.

너무 익숙하고 밋밋하기 때문이다.

더 눈길을 끌고, 자연스럽게 분위기를 여는 한 마디가 필요하다는 걸 알기에 더 어렵다.

나는 항상 이렇게 조언한다.

"발표는 첫 문장으로 분위기가 결정돼요."

사실이다. 시작이 힘 있게 열리면 발표자도 흐름을 타기 쉽고, 청중도 초반부터 집중하게 된다. 반대로 단조롭게 시작하면, 자료가 아무리 좋아도 분위기를 다시 끌어올리기가 쉽지 않다.

그렇다면, 어떻게 시작해야 분위기를 바꿀 수 있을까? 가장 간단하면서도 효과적인 방법은 질문을 던지는 것이다.

What is the most searched keyword among our customers right now?
지금 우리 고객이 가장 많이 검색하는 키워드는 무엇일까요?

이 한 마디에 청중은 자연스럽게 '생각'을 시작한다.

'나도 궁금했던 건데', '어? 그건 뭘까?'라는 반응이 일어나며 발표 내용에 자연스럽게 몰입하게 된다.

통계나 흥미로운 사실을 제시하는 것도 강력하다.

Last quarter, 43% of our customers searched only three keywords right before buying.
지난 분기 고객의 43%가 구매 직전에 검색한 키워드는 단 3개였습니다.

예상하지 못했던 숫자 하나가 청중의 시선을 끌고, 발표에 신뢰감을 더해준다.

딱딱한 발표도 숫자 하나로 분위기를 환기시킬 수 있는 것이다.

발표는 자료로 설득하는 일이기도 하지만, 그보다 먼저 분위기로 청중을 이끄는 일이다. 그리고 그 분위기는 결국, 첫 문장에서 시작된다. 지금부터, 발표의 문을 여는 구체적인 4가지 방법을 함께 살펴보자.

○ 01 ○
질문으로 시작하기

발표를 시작할 때 청중의 주의를 끌고, 생각을 유도하는 가장 간단하면서도 강력한 방법 중 하나는 질문을 던지는 것이다. 질문은 발표 주제에 대한 호기심을 자극한다. 청중은 단순히 듣는 사람이 아니라, '생각하는 사람'으로 전환된다. 발표자와 청중 사이에 자연스러운 연결이 생기고, 발표 내용에 몰입할 준비가 된다.

What's the one feature our users can't live without?
우리 사용자들이 절대 포기하지 못하는 기능은 무엇일까요?

Which competitor are our customers comparing us to the most?
우리 고객이 가장 많이 비교하고 있는 경쟁사는 어디일까요?

What makes a visitor decide to leave our website within 10 seconds?

방문자가 우리 웹사이트에 들어온 지 10초 만에 떠나는 이유는 무엇일까요?

○ 02 ○
놀라운 사실이나 통계 제시하기

청중의 주의를 단번에 끌고 싶다면, 놀라운 숫자 하나면 충분하다. 예상하지 못한 수치나 흥미로운 사실은 발표 주제의 중요성을 강조해주고, 청중의 관심을 자연스럽게 발표 내용으로 끌어당긴다. 숫자는 객관적이기에 설득력을 더하고, 발표의 시작을 단단하게 만들어준다.

More than half of online shoppers abandon their carts without completing the purchase.
온라인 쇼핑 고객의 절반 이상이 장바구니에 담고도 구매를 완료하지 않습니다.

90% of the world's data was generated in just the past two years.
전 세계 데이터의 90%는 불과 지난 2년 동안 생성됐습니다.

People don't hate ads. They hate irrelevant ones.
사람들은 광고를 싫어하는 게 아닙니다. 자기와 상관없는 광고를 싫어합니다.

○ 03 ○
짧은 이야기 또는 개인적 경험 나누기

사람들은 숫자보다 이야기에 더 귀를 기울인다. 특히 발표자가 직접 겪은 경험이나 작은 에피소드는 청중의 공감을 끌어내고, 발표에 자연스럽게 몰입하게 만든다. 복잡한 설명 없이도, 짧은 이야기 하나로 분위기를 부드럽게 풀고, 발표의 흐름을 잡을 수 있다. 때로는 그 짧은 이야기가, 발표 전체를 기억하게 만드는 힘이 되기도 한다.

When I first joined this company, I faced a challenge I didn't expect.
제가 이 회사에 처음 입사했을 때, 전혀 예상 못 한 어려움이 있었어요.

Let me tell you a quick story. It's about my very first client call.
짧은 이야기 하나 들려드릴게요. 제 생애 첫 클라이언트 통화에 관한 얘기예요.

Three years ago, I had never even heard of this concept. Today, I'm presenting it to you.
3년 전만 해도 이 개념을 들어본 적조차 없었는데, 지금은 여러분 앞에서 발표하고 있습니다.

○ 04 ○
유명한 인용구 활용하기

유명한 인용구는 단순히 그럴듯한 말 한 줄이 아니다. 분위기를 차분하게 여는 동시에, 발표 주제에 살짝 힘을 실어주는 효과가 있다. 짧지만 울림 있는 문장은 청중의 시선을 끌고, 발표자의 첫 마디를 자연스럽게 뒷받침해준다. 잘 고른 인용구 하나가, 발표의 시작을 훨씬 '그럴듯하게' 만들어준다.

There's a quote I love: "People don't buy products, they buy better versions of themselves."
제가 좋아하는 인용구가 있습니다. '사람들은 제품을 사는 것이 아니라, 더 나은 자신을 사는 것이다'라는 말입니다.

Warren Buffett once said, "Price is what you pay. Value is what you get."
워렌 버핏은 '가격은 당신이 지불하는 것이고, 가치는 당신이 얻는 것이다'라고 말했습니다.

I came across a quote that really stuck with me. Sell the problem you solve, not the product.
최근에 인상 깊었던 문장이 있어요. '제품이 아니라 해결하는 문제를 팔아야 한다'는 말이에요.

> **TIP**

첫 마디에 청중을 집중시키는 영어 발표 오프닝!

❶ 질문으로 호기심을 자극하세요: Have you ever wondered…?

Have you ever wondered why some brands go viral overnight?

왜 어떤 브랜드는 하룻밤 사이에 화제가 되는지 궁금하신 적 있나요?

❷ 놀라운 사실로 주목을 끌어 보세요: Did you know that…?

Did you know that 90% of startups fail in their first year?

스타트업의 90%가 첫 해에 실패한다는 사실 알고 계셨나요?

❸ 개인적인 이야기로 연결해 보세요: Let me share a quick story…

Let me share a quick story about how one email changed my career.

제 커리어를 바꾼 한 통의 이메일 이야기를 들려드리겠습니다.

❹ 유명 인용구로 신뢰를 만들어 보세요: As [famous person] once said…

As Steve Jobs once said, 'Innovation distinguishes between a leader and a follower.'

스티브 잡스가 말했듯, '혁신은 리더와 추종자를 구분 짓습니다.'

2

어떻게 말하느냐가
설득력을 좌우한다

'같은 내용을 말했는데, 왜 이렇게 다르게 들리지?'
얼마 전 회의에서 두 사람이 비슷한 주제로 발표한 적이 있었다.
내용은 큰 차이가 없었지만, 이상하게도 분위기는 전혀 달랐다.
한 발표는 자연스럽게 흐름을 타며 집중하게 만들었고,
다른 발표는 중간부터 집중이 흐트러지고, 정리가 안 된다는 인상을 줬다.
발표가 끝난 뒤에야 '아, 그 말이었구나' 하고 겨우 이해가 되는 느낌.
이런 경험, 누구나 한 번쯤은 해봤을 것이다.
같은 내용을 전해도 어떻게 말하느냐에 따라 결과는 완전히 달라진다.
어떤 발표는 여러 가지 측면에서 청중을 힘들게 한다.
우선, 문장이 너무 길고 정보가 많아 한 번에 이해하기 어렵다.

청중은 중간에 집중력을 잃기 쉽고, 끝까지 들어야만 무슨 말인지 겨우 파악할 수 있다.

또한, 말의 중심이 애매한 경우도 많다.

앞뒤로 설명은 많은데, '그래서 무슨 말이 하고 싶은 건데?'라는 생각이 드는 발표는 아무리 내용이 좋아도 설득력을 잃는다.

사실, 발표의 설득력은 무엇을 말하느냐보다 어떻게 말하느냐에 달려 있다.

같은 정보를 전하더라도 순서, 구조, 말투에 따라 메시지는 전혀 다르게 들린다.

발표는 단순히 정보를 나열하는 일이 아니다.

메시지를 전하고, 듣는 사람을 이끄는 일이다.

내용을 어떻게 꺼내고, 어떤 순서로 보여주며, 어떤 어조로 전달하느냐에 따라 같은 말도 완전히 다른 효과를 낼 수 있다.

지금부터, 발표의 설득력을 높이는 구체적인 방법들을 함께 살펴보자.

◦ 01 ◦
핵심 메시지는 먼저, 길게 설명은 나중에

설득력 있는 발표는 '무엇을 말하느냐'보다 '어떻게 꺼내느냐'에서 갈린다. 특히 구조가 중요하다. 결론은 앞에, 설명은 뒤에. 이 순서만 잘 지켜도 듣는 사람의 이해도는 훨씬 올라간다. "그래서 결론이 뭔데요?"

라는 말이 나오기 전에 핵심부터 던지는 것, 그게 바로 집중을 붙잡는 가장 쉬운 방법이다. 길게 설명하느라 서론만 돌다가 청중을 놓치지 않으려면, 앞에서 먼저 방향을 보여줘야 한다.

✖ 이유 먼저 → 핵심 다음

1. **Sales have been declining for three months, and that's why I think we need to change our pricing strategy.**
   지난 3개월간 매출이 계속 감소했습니다. 그래서 가격 전략을 바꿔야 한다고 생각합니다.

2. **Because our competitors have lowered their prices and gained market share, we may need to review our pricing policy moving forward.**
   경쟁사들이 가격을 낮추고 점유율을 높였기 때문에, 우리도 가격 정책을 재검토할 필요가 있을 것 같습니다.

✔ 핵심 먼저 → 이유 다음

1. **We need to change our pricing strategy. Sales have been declining for three months.**
   우리는 가격 전략을 바꿔야 합니다. 지난 3개월간 매출이 계속 감소했습니다.

2. **We need to review our pricing policy. Competitors are gaining ground with lower prices.**

우리는 가격 정책을 재검토해야 합니다. 경쟁사들이 낮은 가격으로 시장을 잠식하고 있습니다.

○ 02 ○
문장은 짧게, 단어는 쉽게

발표에서 긴 문장, 어려운 단어는 청중의 집중을 가장 먼저 떨어뜨리는 요소이다. 복잡하게 돌려 말하는 것보다, 짧고 정확하게 딱 끊어주는 한 문장이 훨씬 더 힘이 있다. 글처럼 읽는 발표보다, 말처럼 들리는 발표가 훨씬 잘 전달된다. 듣는 사람이 '무슨 말이지?' 하고 생각하는 순간, 메시지는 이미 멀어지고 있다. 발표는 보여주는 게 아니라, 들리게 해야 한다.

✖ 길고 어려움

1. **In light of the current market fluctuations, we should consider diversifying our investment strategy to mitigate potential risks.**
   최근 시장의 변동성을 고려할 때, 잠재적인 리스크를 줄이기 위해 투자 전략을 다양화하는 방안을 검토해야 합니다.

2. **Our previous approach yielded suboptimal results, so it may be necessary to revisit our methodology and reassess**

our key assumptions moving forward.

기존 방식은 기대 이하의 결과를 낳았으므로, 향후엔 접근법과 주요 가정을 다시 검토할 필요가 있습니다.

✔ 짧고 쉬움

1. **The market is unstable. Let's spread out our investments to reduce risk.**

   시장이 불안정하니, 리스크 줄이려면 투자를 나눠야 합니다.

2. **The last method didn't work well. We should look at our plan again.**

   지난번 방식은 효과가 없었어요. 계획을 다시 살펴봐야겠어요.

○ 03 ○

강조할 부분은 속도와 목소리로 조절하기

강조는 단어보다 말투에서 더 큰 힘을 발휘한다. 중요한 부분일수록 말을 조금 천천히, 목소리를 살짝 낮추거나 살짝 올리면, 그 순간 청중의 귀가 반응한다. 같은 문장이라도 어떻게 말하느냐에 따라 분위기가 완전히 달라진다. 강약 없이 같은 톤으로 쭉 말하면, 아무리 좋은 내용도 흘러가버리기 쉽다. 리듬을 조절하는 것, 그게 설득의 포인트다.

We had a 15% increase in traffic and a 20% rise in conversions last quarter.

지난 분기 동안 트래픽이 15% 증가했고, 전환율은 20% 상승했습니다.

* 15%(fifteen percent)에 힘을 준다.

* 20% rise를 살짝 더 강하게 강조해서 두 번째 성과가 더 크다는 걸 드러낸다.

* last quarter는 전체 결과를 감싸는 느낌으로 살짝 여유롭게 마무리하면 안정감이 생긴다.

We improved our customer satisfaction score last quarter.

지난 분기 고객 만족도가 향상되었습니다.

* improved는 살짝 강조해서 변화의 느낌을 준다.

* customer satisfaction score라는 긴 표현은 차분하게 말한다.

* last quarter는 부드럽게 떨어뜨린다.

○ **04** ○

시각자료에 말이 끌려가지 않도록 하기

슬라이드는 눈에 잘 띄지만, 발표를 이끄는 건 결국 말이다. 자료에만 의존하면 청중의 시선은 화면에 고정되고, 발표자의 말은 배경음악처럼 흐르기 쉽다. 하지만 청중이 진짜 듣고 싶은 건 텍스트가 아니라 발표자의 해석과 관점이다. 슬라이드는 참고자료일 뿐, 중심은 말이어야 한다. 말이 자료를 이끌어야지, 자료가 말을 끌고 가선 안 된다.

✖ 슬라이드를 그대로 읽는 경우

1. As you can see, sales increased 12% in Q2.

보시다시피 2분기 매출이 12% 증가했습니다.

2. This pie chart shows our market share compared to competitors.

이 원형 차트는 경쟁사와 비교한 당사의 시장 점유율을 보여줍니다.

✔ 슬라이드를 '해석'하듯 말하는 경우

1. What matters here isn't just the 12% growth. It's that we reversed the decline from Q1.

여기서 중요한 건 단순한 12% 증가가 아니라, 1분기 하락세를 뒤집었다는 점입니다.

2. Take a look at how we gained share from Competitor B. That shift happened right after our new pricing model.

경쟁사 B에서 점유율을 가져온 부분을 보세요. 이 변화는 우리가 가격 정책을 바꾼 직후에 일어났습니다.

05

청중 반응을 의식하며 말하기

발표는 혼자서 말하는 시간이 아니다. 표정, 고개 끄덕임, 눈빛 하나까지 청중의 반응이 바로 발표의 길잡이다. 집중하고 있는지, 이해하고 있는지, 그 흐름을 읽으며 속도나 말투를 조절할 수 있어야 발표도 자연스럽게 흐른다. 반응을 읽는 발표자는, 청중과 함께 발표를 만들어간다. 설득은 '혼자 말하는 기술'이 아니라, '같이 이해해가는 과정'이다.

✖ 반응을 의식하지 않고 말하는 발표

After launching the campaign, we targeted three local markets: Busan, Daejeon, and Gwangju. We selected those based on regional sales data from last quarter. Then in July, we updated the product page, which affected the conversion rate.

캠페인을 시작한 후, 우리는 부산, 대전, 광주 세 지역을 타깃으로 삼았습니다. 이 지역들은 지난 분기의 지역별 매출 데이터를 바탕으로 선택했습니다. 그리고 7월에는 제품 페이지를 업데이트했고, 그 결과 전환율에 변화가 있었습니다.

✔ 청중의 반응을 의식하며 말하는 발표

Let me walk you through what we did after the campaign launched. First, we targeted three local markets—Busan,

Daejeon, and Gwangju. I'll pause here for a second—these weren't just random picks. We chose them based on last quarter's regional sales data. Then, in July, we rolled out the updated product page. You'll see in a moment how that small change affected our conversion rate.

캠페인을 시작한 뒤 우리가 어떤 작업을 했는지 순서대로 말씀드릴게요. 우선, 부산, 대전, 광주 — 세 지역을 집중 공략했습니다. 여기서 잠깐만요. 이건 무작위로 정한 게 아니라, 지난 분기 지역별 매출 데이터를 기반으로 선택한 거예요. 그리고 7월에는 리뉴얼된 제품 상세 페이지를 적용했습니다. 그 작은 변화가 전환율에 어떤 영향을 줬는지 곧 보여드리겠습니다.

TIP

발표가 확실히 전달되는 5가지 말하기 비법!

❶ 핵심 메시지는 먼저 말해 보세요.
길게 설명하기 전에 가장 중요한 메시지를 먼저 전달하면 청중이 내용을 쉽게 이해할 수 있습니다.

Our sales increased by 20% last quarter.
지난 분기 매출이 20% 증가했습니다.

❷ 문장은 짧고 단어는 쉽게 사용해 보세요.
길고 복잡한 문장 대신 간결하고 이해하기 쉬운 표현을 사용하세요.

Our goal is clear: reach more customers.
우리의 목표는 명확합니다. 더 많은 고객에게 도달하는 것입니다.

❸ **강조할 부분은 목소리와 속도로 표현해 보세요.**

중요한 내용은 목소리 톤을 높이거나 천천히 말해 청중의 집중을 유도하세요.

This is the key to our success.

이것이 우리의 성공 비결입니다.

❹ **슬라이드가 아니라, 당신의 말을 들려주세요.**

슬라이드는 내용을 보조하는 도구일 뿐, 발표의 중심은 발표자입니다.

See the spike in traffic? That's right after the ad campaign.

트래픽이 급증한 거 보이시죠? 광고 캠페인 직후입니다.

❺ **청중의 반응을 확인하며 말해 보세요.**

청중의 표정이나 반응을 살피며 필요할 때 추가 설명이나 질문을 던져 보세요.

Does that make sense? Any questions so far?

이해되셨나요? 질문 있으신가요?

3

숫자와 그래프는
말로 어떻게 풀어낼까?

"그래프는 많았는데… 무슨 말인지 하나도 안 남더라고요."

회의실을 나서며 한 팀원이 조용히 툭 내뱉었다. 모두가 그 말에 가볍게 웃었지만, 사실 그 자리에 있던 누구도 반박하지 않았다.

방금 전 발표는 자료도 많았고, 말도 많았다. 슬라이드는 빼곡했고, 숫자와 그래프는 끊임없이 바뀌었다. 그런데 이상하게도, 많이 보여줄수록 핵심은 더 안 보였다.

숫자는 계속 쏟아지는데, 머릿속엔 자꾸 물음표만 남았다.

결국 '그래서 지금 무슨 얘기를 하고 싶은 거지?'라는 생각만 맴돌았다.

발표자는 생각했을 것이다.

'숫자는 정확하니까 보여주기만 해도 설득력이 생기겠지.'

하지만 그건 진짜 중요한 걸 놓치는 생각이다.

숫자도 결국 해석이 필요하다. 같은 30%라도 "작년보다 2배 오른 수치입니다."라는 말이 더해지면, 비로소 청중은 그 안에 담긴 맥락과 의미를 실감한다.

숫자는 보여주는 것만으로는 부족하다. 맥락을 붙이고, 비교를 통해 변화의 흐름을 보여줄 때, 비로소 청중의 머릿속에 '이야기'로 남는다.

숫자가 말처럼 들릴 때, 발표는 달라진다. 차가운 수치도 말의 온도를 만나면 움직인다.

그렇다면 어떻게 해야 숫자가 말이 되게 만들 수 있을까?

○ 01 ○

숫자는 비교로 설명하라

"이번 달 신규 가입자 수는 3,200명입니다."라는 말을 딱 들었을 때, 이게 많은 걸까, 적은 걸까? 숫자 하나만 던지면 청중은 크고 작음을 판단할 기준이 없다. 하지만 "지난달보다 2배 늘어난 수치입니다"라고 말하는 순간, 숫자는 단순한 정보가 아니라 '변화'로 들리기 시작한다.

✖ 수치만 단독으로 말하는 경우

1. **We had 18,000 active users last month.**
   지난달에는 활동 유저가 18,000명이었습니다.

2. Our net profit was $220,000 in Q1.
1분기 순이익은 22만 달러였습니다.

✔ **비교나 기준을 함께 말하는 경우**

1. We had 18,000 active users last month, which is a 25% increase from the month before.
지난달 활동 유저는 18,000명으로, 그 전달보다 25% 증가한 수치입니다.

2. Our net profit was $220,000 in Q1, nearly double what we made in the same period last year.
1분기 순이익은 22만 달러로, 작년 같은 기간의 거의 두 배에 달합니다.

○ 02 ○
그래프의 변화는 이유를 함께 설명하라

"여기 보시면 이때 확 올랐고요, 그다음엔 살짝 떨어졌습니다." 그래프 설명에서 자주 듣는 말이다. 하지만 청중 입장에선 속으로 이렇게 묻고 있을지도 모른다. '그래서요? 왜요?' 막대가 올라갔는지, 선이 꺾였는지가 중요한 게 아니다. 왜 그런 변화가 생겼는지, 그 이유를 들려주는 게 발표자의 진짜 역할이다. 단순한 변화 나열이 아니라, '어떤 이슈가 있었고, 그게 어떤 영향을 미쳤는지', '이 변화가 앞으로 어떤 의미를 가지는지'를 설명할 때, 비로소 그래프는 말이 되고, 단순한 도표가 아니라 '설득력 있는 메시지'로 바꾼다.

✖ 그래프를 그대로 읽는 경우

1. **Sales went up in January, down in February, and up again in March.**
   1월엔 매출이 올랐고, 2월엔 내려갔다가, 3월엔 다시 올랐습니다.

2. **User numbers dropped in April and increased in May.**
   4월에 사용자 수가 줄었다가, 5월에 다시 늘었습니다.

✔ 흐름과 의미를 설명하는 경우

1. **In January, sales increased sharply thanks to the new campaign. They dipped a little in February, likely due to the holiday season, but started to pick up again in March.**
   1월에는 새 캠페인 덕분에 매출이 크게 늘었고, 2월에는 설 연휴로 잠시 주춤했지만, 3월부터 다시 상승세를 탔습니다.

2. **We saw a drop in user numbers in April, which coincides with our feature update. But in May, the numbers started to recover, suggesting the changes began to work.**
   4월에 사용자 수가 줄었는데, 그 시점에 기능 업데이트가 있었습니다. 그런데 5월에 회복세가 보인 걸 보면, 그 효과가 서서히 나타난 걸로 보입니다.

○ 03 ○
데이터는 한 번에 하나씩만

"첫째는 32%, 둘째는 18%, 셋째는 5,200명이고요… 아, 넷째는—" 이쯤 되면 청중의 머릿속은 이미 백지 상태이다. 숫자를 한꺼번에 쏟아내면, 아무리 중요한 수치라도 아무것도 남지 않는다. 데이터는 한 번에 하나씩, 차례대로 꺼내야 메시지가 또렷해진다. 핵심 수치를 하나 말하고, 왜 중요한지 짚어주고, 그다음 숫자로 넘어가는 흐름이 필요하다. 데이터는 나열이 아니라 해설이다. 숫자 하나하나에 숨은 의미를 꺼내 보여줄 때, 비로소 청중은 숫자를 기억하고, 메시지를 따라오게 된다.

✖ **여러 숫자를 한꺼번에 말하는 경우**
Sales went up by 10%, customer sign-ups increased by 15%, and retention improved by 7% this quarter.
이번 분기에 매출은 10%, 신규 가입자는 15%, 유지율은 7% 증가했습니다.

✔ **하나씩 나눠 말하는 경우**
First, sales went up by 10%. That was mainly due to the new pricing strategy. Then, we saw a 15% increase in customer sign-ups. Finally, retention improved by 7%, which is a great sign of long-term growth.

첫째, 매출은 10% 증가했습니다. 주된 요인은 새 가격 정책이었고요. 다음으로는 신규 가입자가 15% 늘었습니다. 마지막으로 유지율도 7% 올랐는데, 장기 성장을 기대해볼 수 있는 결과입니다.

○ 04 ○

숫자에 감정을 더하라

"이 수치는 12%입니다." 말은 했지만, 청중은 아무 반응이 없다. 숫자 자체엔 감정이 없기 때문이다. 하지만 이렇게 말하면 어떨까? "이 수치는 작년보다 12% 떨어진 수치입니다. 우리가 가장 기대했던 항목이었는데, 오히려 하락했습니다." 그 순간, 청중은 그 숫자에 담긴 상황과 감정을 함께 느끼게 된다. 숫자는 그냥 숫자일 뿐이지만, 왜 중요한지, 무엇을 의미하는지를 말하는 순간, 그 숫자는 사람의 마음을 움직이기 시작한다. 숫자를 전달하려면, 감정과 맥락을 함께 전하라. 그때 비로소 숫자는 살아 있는 언어가 된다.

✖ **감정 없이 숫자만 말하는 경우**

1. We had 25,000 app downloads last month.

지난달 앱 다운로드 수는 2만 5천 건이었습니다.

2. Our churn rate dropped from 12% to 7%.

이탈률이 12%에서 7%로 떨어졌습니다.

✔ **감정을 담아 의미를 전달하는 경우**

Last month, we had 25,000 app downloads. Honestly, we didn't expect this much. It's a huge moment for us.
지난달 앱 다운로드가 2만 5천 건이었습니다. 솔직히 이렇게까지 될 줄은 몰랐어요. 우리 팀에게는 큰 성과입니다.

Our churn rate dropped from 12% to 7%. That's a huge relief. It shows our users are finally trusting us and choosing to stay.
이탈률이 12%에서 7%로 떨어졌습니다. 정말 안심이 되는 숫자예요. 이제 사용자들이 우리를 믿고 떠나지 않기 시작했다는 뜻이니까요.

○ 05 ○

말로 다시 정리하라

그래프도 설명했고, 숫자도 충분히 보여줬다. 그런데 청중이 여전히 정리되지 않은 표정을 짓고 있다면? 숫자만 나열해서는 메시지가 남지 않기 때문이다. 중요한 건 수치 그 자체가 아니라, 그 수치가 말하고 있는 핵심이 무엇인지다. "결국, 이 수치는 우리가 타깃 고객을 제대로 못 잡았다는 뜻입니다." 이 한 문장처럼, 숫자가 의미하는 내용을 말로 정리해 주는 순간, 청중의 머릿속에 퍼즐처럼 내용이 맞춰지기 시작한다.

✖ 설명 없이 숫자만 나열하는 경우

Sales grew 8% in Q1 and 11% in Q2. Net profit increased by 6%.

1분기 매출은 8% 증가했고, 2분기에는 11% 증가했습니다. 순이익은 6% 늘었습니다.

Customer complaints dropped from 120 to 85 last quarter. Positive feedback increased from 60 to 95.

지난 분기 고객 불만은 120건에서 85건으로 줄었고, 긍정 피드백은 60건에서 95건으로 늘었습니다.

✔ 핵심을 말로 요약하는 경우

Sales grew 8% in Q1 and 11% in Q2. Net profit increased by 6%. That means not only are we growing fast, but we're also making it count.

1분기 매출은 8%, 2분기는 11% 증가했고, 순이익도 6% 늘었습니다. 단순히 성장만 한 게 아니라, 그만큼 실속도 챙긴 셈입니다.

Customer complaints dropped from 120 to 85 last quarter. Positive feedback increased from 60 to 95. That tells us our recent changes are clearly making a difference.

지난 분기 고객 불만은 120건에서 85건으로 줄었고, 긍정 피드백은 60건에서 95건으로 늘었습니다. 이 수치는 우리가 최근에 바꾼 부분들이 확실히 효과를 내고 있다는 걸 보여줍니다.

TIP

숫자와 그래프, 영어로 이렇게 설명하면 통한다!

❶ 숫자는 비교로 설명해 보세요: Compared to last year…

Our sales increased by 30% compared to last year.
지난해 대비 매출이 30% 증가했습니다.

❷ 그래프는 의미를 중심으로 설명해 보세요: This upward trend shows…

This upward trend shows strong customer interest.
이 상승 추세는 고객 관심이 높다는 것을 보여줍니다.

❸ 데이터는 하나씩 천천히 소개해 보세요. First, let's look at…

First, let's look at our sales data. Then, we'll review customer feedback.
먼저 매출 데이터를 보고, 이후 고객 피드백을 살펴보겠습니다.

❹ 숫자에 감정을 담아 설명해 보세요: What this means is…

What this means is we've achieved our best quarter ever.
이 말은 우리가 역대 최고 분기를 기록했다는 뜻입니다.

❺ 말로 다시 정리해 보세요: In summary…

In summary, our sales grew by 30%, driven by strong customer demand.
요약하면, 고객 수요 증가로 매출이 30% 성장했습니다.

4

발표의 완성도를 높이는 마무리 한 수

회사 발표의 마지막은 발표자의 전문성과 태도가 가장 또렷하게 드러나는 순간이다.

마무리가 잘 정돈돼 있으면 청중은 이렇게 생각한다.

'이 사람, 준비 제대로 했네.'

하지만 마지막이 어색하거나 흐릿하게 끝나면, 그동안 아무리 좋은 내용을 말했어도 발표 전체가 애매하게 기억된다. 좋았던 흐름이 마지막 한 줄로 맥이 풀려버리는 것이다.

물론 발표에서 가장 중요한 건 중간에 있는 핵심 메시지일 수 있다.

실제로 중요한 내용은 대부분 그 시점에 다 전달된다.

그래서 많은 발표자들이 '내용은 다 말했으니 그냥 마무리하면 되겠지' 하고 딱히 정리도 없이 "이상입니다." 한마디로 발표를 끝내곤 한다.

하지만 그렇게 끝나는 발표는 마치 문장을 다 쓰지 못한 채 마침표만 찍은 것처럼 느껴진다. 청중의 머릿속엔 무엇이 중요했는지, 어떻게 받아들여야 하는지 선명하게 남지 않는다.

발표의 마지막은 단순한 인사말이 아니다. 여기서 발표자는 꼭 한 가지를 해야 한다. '지금까지의 내용을 한 문장으로 정리'해주는 일이 그것이다.

그리고 실무에서 바로 실행해야 할 일이 있다면, 누가, 언제, 무엇을 해야 하는지도 분명히 말해줘야 한다.

왜 이게 중요할까?

사람은 발표 전체를 기억하지 않는다. 기억에 남는 건 처음과 마지막. 그중에서도 가장 또렷하게 남는 건, 발표자의 마지막 한두 문장이다.

회사 발표가 끝난 뒤, 결정권자든 실무자든 결국 이렇게 묻는다.

"그래서 무슨 얘기였지?"

그 순간 떠오르는 단 한 줄.

그게 발표자의 마무리였다면, 그 발표는 설득에 성공한 발표가 된다.

그렇다면, 발표를 깔끔하게 마무리 짓기 위해 구체적으로는 무엇을, 어떻게 해야 할까?

○ 01 ○
핵심 메시지 정리하기

발표를 마무리할 땐 "이상입니다."보다, 무엇을 말하고 싶었는지 한 줄로 정리하는 게 훨씬 효과적이다. 사람마다 관심 포인트가 다르기 때문에 끝에 중심 메시지를 다시 짚어줘야 발표가 정돈된 느낌으로 마무리된다.

We talked about a lot of things, but here's the main point. The problem isn't the system itself. The problem is how we use it.
여러 이야기가 있었지만, 핵심은 이거예요. 문제는 시스템이 아니라 우리가 그걸 어떻게 쓰느냐입니다.

There was a lot of data, but to keep it simple — people are visiting our site, but many leave at the landing page. That's the real problem.
데이터가 많았지만, 간단히 말하면 사람들이 사이트엔 오는데 랜딩 페이지에서 많이 나가요. 그게 진짜 문제예요.

We had a long discussion, but I think the main reason for the delay is this — we didn't plan our resources well from the

beginning.

이야기를 길게 했지만, 제 생각에 지연의 주된 이유는 우리가 처음부터 리소스를 잘 계획하지 못했다는 거예요.

○ 02 ○
구체적인 실행 제안하기

좋은 발표는 듣고 나서 "그래서 어떻게 하라는 거지?"라는 말이 안 나오게 한다. 마무리에는 지금부터 무엇을 해야 할지를 꼭 함께 제시해야 한다. 간단한 실행 방안이나 다음 단계가 담기면, 발표는 단순한 정보 전달이 아니라 실제로 움직이게 만드는 말이 된다.

The main point is that most of our recent sales came from customers who bought again. So we need to focus not just on getting new customers but also on keeping the ones we already have.

핵심은 최근 매출의 대부분이 다시 구매한 고객에게서 나왔다는 점입니다. 그래서 새로운 고객을 찾는 것뿐 아니라, 기존 고객을 유지하는 데에도 집중해야 합니다.

The main point is that most of the issues came from the outdated system. If we upgrade it now, we can avoid the same problems in the future.

핵심은 대부분의 문제가 오래된 시스템에서 시작됐다는 점입니다. 지금 업그레이드하면 앞으로 같은 문제는 피할 수 있습니다.

To sum up, the delays happened because we didn't get the materials on time. We need better communication with our suppliers to fix this.

요약하자면, 지연의 원인은 제때 자재를 받지 못해서였습니다. 이 문제를 해결하려면 공급업체와 더 잘 소통해야 합니다.

◦ **03** ◦
시작과 연결되는 구조로 마무리하기

발표는 잘 끝내는 것도 중요하지만, 처음과 잘 이어져야 진짜 완성된다. 처음에 던졌던 질문이나 사례로 다시 돌아가며 마무리하면, 청중은 발표를 하나의 완결된 이야기처럼 받아들인다. 특히 시작을 "왜 이런 문제가 생겼을까요?" 같은 질문으로 열었다면, 마지막엔 그 질문에 대한 명확한 답으로 마무리해보자. 그 순간 발표는 단순한 정보 전달이 아니라, 기승전결이 있는 흐름으로 기억된다.

Remember the question we started with — did the campaign actually lead to more sales? Based on what we've seen, the answer is no. It got attention, but didn't move people to buy.

처음에 우리가 던졌던 질문 기억하시죠. 캠페인이 실제로 매출로 이어졌느냐는 거요. 오늘 봤던 걸 바탕으로 보면, 그 답은 '아니오'입니다. 관심은 끌었지만 구매로 이어지진 않았어요.

We started with a story about a customer who left after a bad support experience. Now we can see that story wasn't a one-off — it reflects a pattern in our current process.

우리는 고객센터에서 불만을 겪고 떠난 고객 이야기로 시작했죠. 이제 보니 그건 단순한 사례가 아니라, 우리 프로세스 안에서 반복되고 있는 문제예요.

At the beginning, I said this: we're moving fast, but not always in the same direction. And after everything we've looked at, I still believe that's the biggest challenge we need to fix.

처음에 제가 말했죠. 우리는 빠르게 움직이고 있지만, 늘 같은 방향은 아니라고요. 지금까지 봤던 걸 정리해보면, 여전히 그게 우리가 가장 먼저 해결해야 할 문제라고 생각합니다.

> **TIP**
>
> ## 발표 끝까지 기억에 남게! 영어 마무리 전략 3가지
>
> **❶ 핵심 메시지를 한 줄로 정리해 보세요: In summary...**
>
> **In summary, our strategy is all about customer satisfaction.**
> 요약하면, 우리의 전략은 고객 만족에 중점을 둡니다.
>
> **❷ 실행을 유도하는 제안을 덧붙여 보세요: Next, we should...**
>
> **Next, we should finalize the campaign plan by Friday.**
> 다음으로, 캠페인 계획을 금요일까지 확정해야 합니다.
>
> **❸ 처음 이야기로 돌아가며 마무리해 보세요: Going back to our first question...**
>
> **Going back to our first question, we now know how to boost sales.**
> 처음 질문으로 돌아가서, 이제 매출을 증가시킬 방법을 알게 되었습니다.

3부

비즈니스 영어, 센스의 한끗 차이

BUSINESS ENGLISH CLASS

1
알고 있다고 착각하기 쉬운 영어 실수

비즈니스 영어는 단순히 영어를 '잘하는 것'을 넘어선 감각을 요구한다. 일상적인 영어 표현에 익숙하더라도, 막상 회사 이메일이나 회의에서 뜻밖의 실수를 저지르는 경우가 적지 않다. 특히 한국어식 사고방식으로 영어를 쓰면, 문법적으로는 맞는 문장이라도 업무 환경에서는 어색하게 들리거나 오해를 부를 수 있다.

이 글에서는 직장에서 자주 발생하는 비즈니스 영어 실수 10가지를 살펴보고, 이를 어떻게 바로잡을 수 있는지 구체적인 팁을 소개한다. 이런 실수는 단순한 영어 실력의 문제가 아니라, '업무에 맞는 언어 감각'의 문제다. 다행히 챗GPT를 활용하면 실시간으로 문장을 검토하고, 상황에 맞는 더 나은 표현을 제안받을 수 있다.

예를 들어, 다음과 같은 질문으로 연습해볼 수 있다.

"이 문장 너무 딱딱한가요?"

"좀 더 정중한 표현이 있을까요?"

"미국식 기준으로 자연스럽게 고쳐 주세요."

비즈니스 영어는 연습할수록 정교해진다. 지금은 사소해 보이는 표현 하나가, 나중에는 커리어의 방향을 바꾸는 중요한 차이를 만들 수도 있다. 오늘부터 실수를 줄이고, 더 자신 있게 커뮤니케이션하는 연습을 시작해보자.

1 • 전치사 사용 실수

잘못된 표현: **We are interested to your proposal.**

자연스러운 표현: **We are interested in your proposal.**

우리는 당신의 제안에 관심이 있습니다.

interested는 항상 in과 함께 쓰는 전형적인 표현이다. 비즈니스 영어에서는 이런 전치사+형용사/동사 콜로케이션을 정확히 익히는 것이 중요하다. 챗GPT에게 "이 표현 자연스러워?"라고 물어보는 것만으로도 빠르게 검토할 수 있다.

2 • 캐주얼한 어휘 사용

잘못된 표현: **I'm gonna send the report by tomorrow.**

자연스러운 표현: **I'm going to send the report by tomorrow.**

내일까지 보고서를 보낼 예정입니다.

gonna는 일상 회화에선 괜찮지만, 이메일이나 회의에서는 신뢰감이 떨어질 수 있다. 말의 격을 상황에 맞게 조절하는 연습이 필요하다.

3 • 불필요한 수동태

잘못된 표현: **The client was contacted by our team regarding the issue.**

자연스러운 표현: **Our team contacted the client regarding the issue.**

우리 팀이 그 문제와 관련하여 고객에게 연락했습니다.

수동태가 필요한 경우도 있지만, 주체가 분명한 상황에서는 능동태를 사용하는 편이 훨씬 직설적이고 신뢰감을 준다. 특히 보고서나 이메일처럼 책임 소재가 중요한 문서에서는 능동태가 더 적절하다.

4 • 이메일 내용의 논리 부족

잘못된 표현: **Please send the updated report ASAP. Also, I made some edits to the second part, just in case.**

업데이트된 보고서를 가능한 한 빨리 보내주세요. 그리고 혹시 몰라서 두 번째 부분에 약간 수정도 했어요.

자연스러운 표현: **Please send the updated report by Friday. I've also revised the second section for clarity.**

업데이트된 보고서를 금요일까지 보내주세요. 두 번째 부분은 명확성을 위해 수정해두었습니다.

업무 요청에 개인적인 감정이나 불필요한 부가 설명을 덧붙이면 메시지가 흐려질 수 있다. 중요한 요청은 기한과 이유를 명확하게 제시하고, 문장의 흐름도 업무 목적에 집중해 논리적으로 정리하는 것이 좋다.

5 • 영국식과 미국식 영어의 혼용

혼용된 표현: **We're working to organise next month's conference and finalise the event programme.** 〈영국식 철자 사용〉

미국식 표현: **We're working to organize next month's conference and finalize the event program.** 〈미국식 철자 사용〉

우리는 다음 달 회의를 준비하고 행사 프로그램을 확정하기 위해 작업 중입니다.

철자나 표현은 회사에서 사용하는 표준 영어(미국식/영국식)를 일관되게 따르는 것이 좋다. 문서나 계약서 작성 시에도 혼용은 혼란을 유발할 수 있다.

6 • 지나치게 복잡한 문장

지나친 표현: **In terms of the project, I would like to point out that the deadline, which is next Friday, should be met.**

프로젝트와 관련하여, 다음 주 금요일인 마감일을 지켜야 한다는 점을 말씀드리고 싶습니다.

간결한 표현: **Please ensure the project deadline next Friday is met.**

다음 주 금요일까지 프로젝트 마감일을 지켜주세요.

문장은 짧게, 핵심은 앞에. 이것이 바쁜 직장인에게 신뢰를 주는 문장 구조다. 복잡한 문장은 피드백 받기도 어렵고, 실수가 생길 가능성도 높다.

7 ◦ 명확하지 않은 요청

모호한 표현: **You should finish the report as soon as possible.**

보고서를 가능한 한 빨리 끝내야 합니다.

명확한 표현: **Please complete the report by 3 PM today.**

오늘 오후 3시까지 보고서를 완료해 주세요.

as soon as possible은 애매하다. 기한이 있는 요청은 구체적인 시간과 날짜를 명시하는 것이 원칙이다.

8 ◦ 불필요하게 장황한 표현

지나친 표현: **We are in receipt of your communication and will revert to you after we have had the opportunity to review your queries.**

우리는 당신의 연락을 접수한 상태이며, 당신의 질문들을 검토할 기회를 가진 후에 다시 연락드릴 것입니다.

간결한 표현: We received your message and will respond after reviewing your questions.

우리는 당신의 메시지를 받았고, 당신의 질문들을 검토한 후에 응답할 것입니다.

'비즈니스 영어 = 문어체 + 간결성'이다. 영어가 늘어질수록 책임 회피처럼 들릴 수 있다.

9 ◦ 과도하게 비공식적인 어조

캐주얼한 표현: Hey team, I need this done ASAP.

이봐 팀 여러분, 이거 최대한 빨리 끝내야 해요.

자연스러운 표현: Dear Team, Please complete this task by the end of the day.

친애하는 팀 여러분, 오늘 업무가 끝나기 전까지 이 작업을 완료해 주세요.

비즈니스 커뮤니케이션은 '명확한 요청 + 정중한 어조'가 기본이다. 구어체는 공지나 요청문에서 신뢰도를 떨어뜨린다.

10 ◦ 직설적인 비판

무례하게 들릴 수 있는 표현: The last report was poorly done.

지난 보고서는 형편없었습니다.

건설적인 표현: The last report had some areas for improvement.

Let's review these points to improve the quality.

지난 보고서에는 개선할 부분이 있었습니다. 이 점들을 함께 검토해서 품질을 높여봅시다.

비판은 감정보다 개선의 의도를 담아야 한다. 팀워크를 해치지 않고 결과를 끌어올리는 표현을 익히자.

> **TIP**
>
> ### 프로처럼 보이려면? 비즈니스 영어 실수 10가지 피하기!
>
> **❶ 전치사 오류 피하기: interested to ✘ → interested in ✔**
> **I am interested in this project.**
> 이 프로젝트에 관심이 있습니다.
>
> **❷ 캐주얼한 어휘 대신 격식 있게: gonna ✘ → going to ✔**
> **I am going to send you the report.**
> 보고서를 보내겠습니다.
>
> **❸ 불필요한 수동태 줄이기: was submitted ✘ → submitted ✔**
> **Sarah submitted the document yesterday.**
> 사라는 어제 그 문서를 제출했습니다.
>
> **❹ 비논리적 일정 표현 수정: ASAP and weekend ✘ → by Friday ✔**
> **Please complete the task by Friday.**
> 금요일까지 작업을 완료해 주세요.

❺ **영국식 vs. 미국식 영어 혼용 피하기: organise ✖ → organize ✔**
We will organize the event next week.
다음 주에 행사를 준비할 예정입니다.

❻ **복잡한 표현 간결하게: We are in receipt of ✖ → We received ✔**
We received your message.
메시지를 받았습니다.

❼ **명확한 요청으로: as soon as possible ✖ → by 3 PM today ✔**
Please send me the document by 3 PM today.
오늘 오후 3시까지 문서를 보내 주세요.

❽ **장황한 문장 구조 개선: in receipt of your communication ✖ → received your message ✔**
We received your message.
메시지를 받았습니다.

❾ **비공식적인 어조 피하기: need this done ✖ → complete this task ✔**
Please complete this task by tomorrow.
내일까지 이 작업을 완료해 주세요.

❿ **직설적인 비판 대신 긍정적 피드백: poorly done ✖ → some areas for improvement ✔**
There are some areas for improvement in this report.
이 보고서에는 개선할 부분이 있습니다.

2

친근함의 표현,
이모티콘은 어디까지 괜찮을까?

　　이모티콘은 친근함을 더하고 분위기를 부드럽게 만드는 데 효과적인 도구이다. 메신저나 사내 커뮤니케이션에서는 동료들과의 소통을 원활하게 해주는 역할을 하기도 한다. 말투를 부드럽게 만들고, 딱딱한 메시지에 온기를 더해주는 역할을 하니, 자연스럽게 손이 가는 표현이기도 하다. 하지만 이메일에서는 얘기가 달라진다. 특히 비즈니스 이메일에서는 이모티콘 사용에 신중할 필요가 있다. 고객, 상사, 외부 파트너와 주고받는 공식적인 메시지에서 이모티콘은 자칫 가벼운 인상을 줄 수 있다. 물론 좋은 의도로 보낼 수는 있지만, 보는 입장에서는 다르게 받아들일 여지가 있다. 예를 들어,

Looking forward to your response!

답변 기다리겠습니다! 😄

라고 마무리하면 부드럽게 들릴 수 있지만, 상대에 따라선 '이 사람, 지금 여유 부릴 상황인가?'처럼 느껴질 수도 있다. 특히 문제 해결이나 클레임 응대, 협상처럼 무게감 있는 상황에서는 이모티콘이 오히려 신뢰를 떨어뜨리는 요소가 된다.

단순히 전문성이 떨어져 보인다는 이유 외에도, 이모티콘 사용을 피해야 할 이유는 더 있다. 문화적 차이 역시 고려해야 할 요소다. 어떤 문화권에서는 업무 이메일에서 이모티콘을 쓰는 것을 무례하거나 비전문적으로 여긴다. 또 하나는 해석의 모호함이다. 같은 이모티콘이라도 누군가에게는 친절하게 보일 수 있지만, 다른 누군가에게는 비꼬는 듯한 인상을 줄 수도 있다. 결국 이모티콘 하나가 의도와 다르게 전달되거나, 불필요한 오해를 만드는 요소가 될 수 있다는 뜻이다.

그렇다면 감정을 전하고 싶을 땐 어떻게 해야 할까? 이모티콘 없이도 부드럽고 따뜻한 인상을 주는 표현은 충분히 가능하다. 예를 들어,

1. Thank you for checking!

확인해 주셔서 감사합니다! 😄

▸ Thank you for reviewing. Let me know if you have any

thoughts.

검토해 주셔서 감사합니다. 의견 있으시면 말씀 주세요.

2. The team worked hard!

팀원들 모두 고생 많았어요!

▶ **Huge thanks to the team for their efforts. Everything went smoothly thanks to everyone's dedication.**

팀원들의 노력에 진심으로 감사드립니다. 모두의 헌신 덕분에 순조롭게 진행됐습니다.

3. Please send it ASAP!

최대한 빨리 부탁드려요!

▶ **I'd appreciate it if you could send it by tomorrow afternoon. Let me know if you need more time.**

내일 오후까지 보내 주시면 감사하겠습니다. 시간이 더 필요하시면 말씀 주세요.

이처럼 약간의 표현을 더하거나 조정하는 것만으로도, 이모티콘 없이 충분히 정중하고 부드러운 커뮤니케이션이 가능하다. 특히 신입사원이라면, 이모티콘보다 더 중요한 것은 프로페셔널한 기본기를 갖추는 것이다. 말 한마디, 문장 하나가 업무에서 신뢰도를 좌우한다는 점을 기억해 두자.

3

외국인도 헷갈리는
영어 문장 부호 사용법

한 번쯤 이런 문장을 본 적이 있을 것이다.

she speaks english and french.
on monday, 10 october.
i'll see you tomorrow.

눈치챘는가? English, French, Monday, October, 그리고 I는 모두 대문자로 시작해야 맞는 표현이다. 이처럼 대문자와 문장 부호는 영어에서 단순한 장식이 아니라 전문성과 신뢰도를 좌우하는 기본 규칙이다. 영어가 모국어인 사람도 종종 이 부분에서 실수를 한다. 하지만 비즈니스 환경에서는 이런 사소한 실수가 업무 실력보다 먼저 눈에 띌 수 있다. 이 글에서는 실무에서 자주 혼동하는 대문자 사용, 콜론(:), 세미콜론(;)의 올바른 쓰임새를 정리해 본다.

○ 01 ○
대문자 사용: 기본이지만 가장 눈에 띄는 실수

비즈니스 문서에서 대문자는 신뢰의 시작점이다. 문서 작성 시 고유명사는 항상 대문자로 시작해야 한다. 이를 지키는 것만으로도 문서의 완성도가 높아진다.

· **이름, 국가, 언어**

Nicole is British and speaks English, French, and German.

니콜은 영국인이며, 영어, 프랑스어, 독일어를 구사한다.

· **요일 및 휴일**

We will have a meeting on Friday.

우리는 금요일에 회의를 할 예정이다.

· **지명, 건물명, 도로명**

Our new office is located in New York City.

우리의 새로운 사무실은 뉴욕에 있다.

○ 02 ○

콜론(:) 사용법: 핵심을 또렷하게 보여주는 도구

콜론은 문장에서 중요한 정보를 강조하거나, 나열·설명·인용을 도입할 때 사용하는 문장 부호이다. 비즈니스 문서나 이메일 제목, 보고서, 발표 자료 등에서 자주 쓰이며, 읽는 사람에게 '여기부터 중요하다'는 신호를 명확히 전달하는 역할을 한다. 콜론의 대표적인 용법은 다음과 같다.

- **리스트 도입:** 명사나 문장을 나열할 때 콜론을 사용하면, 항목이 시작된다는 것을 명확히 알릴 수 있다.

    The conference includes: keynote speeches, breakout sessions, and panel discussions.
    회의에는 기조 연설, 분과 세션, 패널 토론이 포함됩니다.

- **보충 설명:** 문장의 앞부분에서 제시한 내용을 구체화하거나 부연 설명할 때 사용된다.

    Action required: Please review the attached document before the meeting.
    필요한 조치: 회의 전에 첨부 문서를 검토해 주세요.

- **인용 도입:** 직접 인용문이나 발언을 도입할 때도 콜론을 사용할 수 있다.

    The manager stated: "Please submit the report by Friday."

매니저는 이렇게 말했습니다: "보고서는 금요일까지 제출해 주세요."

- **강조:** 콜론은 문장을 강조하거나 결론을 분명히 제시할 때에도 쓰인다. 특히 중요한 메시지를 돋보이게 하고자 할 때 유용하다.

  There's one thing we must not forget: the client's deadline is non-negotiable.

  우리가 절대 잊지 말아야 할 것이 있습니다: 고객사의 마감일은 절대 조정할 수 없습니다.

콜론을 적절히 활용하면 문장의 흐름이 자연스러워지고, 핵심 정보가 눈에 띄게 정리된다. 작은 부호 하나로 메시지의 명확성, 설득력, 전문성을 높일 수 있는 강력한 도구가 바로 콜론이다.

○ 03 ○
세미콜론(;) 사용법: 두 문장을 유연하게 연결할 때

세미콜론은 서로 관련 있는 두 문장을 하나로 부드럽게 연결할 수 있는 문장 부호이다. 쉼표보다 격식을 갖추면서도, 연결이 자연스럽다.

The budget is approved; we can proceed with the project.

예산이 승인되었습니다; 이제 프로젝트를 진행할 수 있습니다.

We've finished the first phase; the next step begins on

Monday.

1단계를 마쳤고, 다음 단계는 월요일에 시작됩니다.

○ 04 ○

하이픈(-) vs. 대시(–): 짧은 선 하나의 큰 차이

문장에서 짧은 선(-) 하나가 자칫 같아 보일 수 있지만, 하이픈hyphen, 엔 대시en dash, 이엠 대시em dash는 모두 용도와 기능이 서로 다른 문장 부호이다. 비즈니스 문서, 보고서, 프레젠테이션 등에서 자주 등장하지만 정확히 구분해 쓰는 경우는 드물다. 이 세 가지 부호를 제대로 알고 쓰면, 문장의 정확성, 가독성, 전문성이 모두 달라진다.

- **하이픈 (-):** 단어와 단어를 연결하며 복합 형용사나 합성어를 만들 때 사용한다.
  a well-known brand 잘 알려진 브랜드
  an in-depth report 심층 보고서

- **엔 대시 (–):** 숫자나 기간의 범위 표시하며 숫자, 시간, 날짜 등의 범위를 나타낼 때 사용한다. 전치사 없이 '부터~까지'의 의미를 간결하게 표현할 수 있다.
  March 1–3 3월 1일부터 3일까지
  10:00–11:30 AM 오전 10시부터 11시 30분까지

- **이엠 대시 (—):** 부연 설명이나 강조하며 중간 설명을 삽입하거나 문장의 리듬

을 조절하고 강조할 때 사용한다. 괄호보다 덜 딱딱하고, 쉼표보다 강조가 강한 느낌을 준다.

The result — though delayed — was ultimately successful.
비록 지연되긴 했지만, 결과적으로는 성공적이었습니다.

We need one thing — focus.
우리에게 필요한 건 단 하나, 집중입니다.

문장 부호는 작고 사소해 보일 수 있지만, 영어에서는 의미 전달의 명확성은 물론, 신뢰와 전문성을 결정짓는 요소이다. 특히 비즈니스 문서에서는 기본적인 문장 부호 하나가 전체 문서의 완성도와 인상을 좌우할 수 있다. 대문자 사용은 물론, 콜론(:), 세미콜론(;), 그리고 하이픈(-), 엔 대시(–), 이엠 대시(—)처럼 형태는 비슷하지만 기능이 전혀 다른 부호들의 쓰임을 제대로 구분할 필요가 있다. 이러한 문장 부호를 정확하게 이해하고 실전에서 자연스럽게 적용하면, 더 명확하고 신뢰감 있는 커뮤니케이션이 가능해진다.

TIP

Colon, Dash, Semicolon? 핵심 포인트

❶ 대문자

이름, 국가, 요일, 언어, 공휴일 등 고유명사는 항상 대문자로 시작하세요.

Korea, Friday, Christmas, English

한국, 금요일, 크리스마스, 영어

❷ 콜론 (:) - 설명을 꺼낼 때

앞에서 말한 내용을 더 자세히 풀고 싶을 때 콜론을 사용하세요.

We need to focus on three areas: marketing, logistics, and customer service.

우리는 세 가지 분야에 집중해야 합니다: 마케팅, 물류, 그리고 고객 서비스입니다.

❸ 세미콜론 (;) : 문장과 문장을 자연스럽게 연결할 때

독립적인 문장이지만 연결하고 싶을 땐 세미콜론을!

The deadline is tight; we need to move fast.

마감 기한이 촉박하니, 신속하게 움직여야 합니다.

❹ 하이픈(-), 엔 대시(–), 이엠 대시(—)

- 하이픈(-): 단어를 연결할 때

   well-known brand, up-to-date report 잘 알려진 브랜드, 최신 보고서

- 엔 대시(–): 숫자·기간·시간 범위

   2023–2024, 10:00–11:00 2023년부터 2024년까지, 10시부터 11시까지

- 이엠 대시(—): 말 중간에 강조나 설명 추가

   Our team—the one based in Seoul—is leading the project.

   우리 팀, 그중에서도 서울에 있는 팀이 프로젝트를 주도하고 있습니다.

4

영어 날짜 표기,
미국 vs. 영국

"이 날짜는 4월인가요, 5월인가요?"

해외와 협업을 하다 보면 이런 질문이 생각보다 자주 나온다. 특히 서류에 적힌 날짜가 숫자로만 돼 있을 때는 더욱 그렇다. 예를 들어 06/07/2025라는 표기를 봤을 때, 누군가는 이걸 6월 7일로 이해하고, 누군가는 7월 6일이라고 받아들인다. 헷갈리는 게 당연하다. 미국과 영국의 날짜 표기 방식이 다르기 때문이다.

미국은 월/일/연도(MM/DD/YYYY) 순으로 쓰고, 영국은 일/월/연도(DD/MM/YYYY) 순으로 쓴다. 그래서 똑같은 숫자가 전혀 다른 날짜가 되어버리는 일이 실제로 업무 현장에서 꽤 흔하다. 한쪽은 6월 7일에 회의한다고 알고 있었는데, 다른 한쪽은 7월 6일로 캘린더에 적어두는 식이다. 그 결과? 회의가 어긋나고, 보고서가 늦게 제출되며, 괜한 오해가 생긴다.

이런 착오를 막는 가장 확실한 방법은 간단하다. 날짜를 숫자로만 쓰지 말고, 월 이름을 함께 적는 것이다.

예를 들어 06/07/2025 대신 July 6, 2025 혹은 6 July 2025처럼 쓰는 것이다. 이러면 어느 나라 사람이 보든 헷갈릴 일이 없다. 숫자 12와 7을 놓고 '이게 12월인가, 7월인가' 고민하는 대신, "The financial report is due on 7 December 2025."라고 쓰면 모두가 '재무 보고서 마감일은 2025년 12월 7일입니다.'라고 이해하게 된다.

회의 일정도 마찬가지다.

"The conference starts on 06/05/2022."

이렇게만 적혀 있으면, 그 회의가 6월 5일인지 5월 6일인지 누군가는 다시 물어봐야 한다. 반면

"The conference starts on 5 June 2026."

라고 쓰면 누구든 정확히 '회의는 2026년 6월 5일에 시작됩니다.'라고 이해할 수 있다.

여기까지는 날짜 이야기다. 그런데 하나 더 있다. 날짜만큼 중요한데, 더 자주 빠뜨리는 것. 바로 시간대 Time Zone 이다.

"회의는 수요일 오후 3시에 시작됩니다." 이 문장만 놓고 보면, 어느 지역 기준의 3시인지 알 수 없다. 서울의 3시인가? 뉴욕의 3시인가? 런던의 3시인가? 글로벌 팀과 일할 땐 시간대까지 적는 것이 기본이다.

"The meeting is scheduled for Wednesday, July 6, 2025, at 3 PM PST."

이렇게 쓰면 '회의는 2025년 7월 6일 수요일 미국 태평양 표준시 (PST) 기준 오후 3시에 열릴 예정입니다'라는 걸 모두가 분명히 알 수 있기 때문에, 각자 자신의 시간대로 변환해 정확히 준비할 수 있다. PST(미국 서부), EST(미국 동부), CET(중앙 유럽), KST(한국) 등 주요 시간대를 적어주는 것만으로도 혼선을 줄일 수 있다.

날짜 하나, 시간 한 줄. 그게 뭐 대단하냐고 생각할 수 있다. 하지만 이 작은 디테일이 쌓여서 '그 사람, 이메일 하나도 꼼꼼하게 써'라는 인상을 만든다. 글로벌하게 일할수록, 기본이 더 중요해진다. 숫자 대신 글자, 시간에는 꼭 시간대. 이 단순한 습관이, 당신의 커뮤니케이션을 한층 더 신뢰감 있게 만들어줄 것이다.

5

예의 있게 솔직해지고 싶을 때, "No offense, but…"!?

회의 중에 누군가의 보고서에 대해 피드백을 주고 싶을 때가 있다. 직접 말하면 괜히 기분 상할까 걱정되고, 아무 말 안 하기엔 꼭 짚고 넘어가야 할 부분인 것 같다. 이럴 때, 우리는 종종 이렇게 말한다.

"No offense, but…"

'기분 나쁘게 듣지 말고 들어줘'라는 의미로, 솔직한 의견을 꺼내기 전에 분위기를 부드럽게 만들고자 할 때 쓰는 표현이다.

예를 들어,

No offense, but I think your report could use some more detail.

(기분 상하라고 하는 말은 아닌데, 보고서에 좀 더 세부사항이 있었으면 좋겠어.)

혹은,

No offense, but I feel like you interrupt people during meetings.
(기분 나쁘게 듣지 말아줘. 회의 중에 사람들 말 끊는 경우가 자주 있는 것 같아.)

이 표현 자체는 나쁘지 않다. 오히려 상대방의 감정을 배려하려는 태도가 담긴 좋은 표현이다. 다만, 문제는 이 표현이 항상 그 의도대로 받아들여지지 않는다는 데에 있다.

No offense, but… 이라는 말은 앞으로 나올 말이 불편할 수도 있다는 신호처럼 들릴 수 있다. 그래서 말하는 사람은 조심스럽게 꺼낸 표현이었지만, 듣는 사람은 이미 방어적으로 반응하게 되는 경우도 많다.

물론 그렇다고 해서 이 표현을 아예 쓰지 말아야 한다는 뜻은 아니다. 중요한 건, 이 표현을 어떤 상황에서, 어떤 말투와 진정성으로 전달하느냐이다. 필요한 순간에는 얼마든지 유용하게 쓸 수 있는 표현이고, 오히려 덕분에 솔직한 이야기를 부드럽게 꺼낼 수 있는 기회가 되기도 한다.

No offense, but… 처럼 솔직함과 예의를 함께 담고 싶은 순간, 쓸 수 있는 표현은 하나만 있는 게 아니다. 조금 더 직관적이거나 상황에 따라 더 자연스럽게 들리는 표현들도 있다.

1 ○ Don't take it personally.

Don't take it personally, but I think we need to revisit the project plan.

개인적으로 받아들이지 말고 들어줘. 프로젝트 계획은 다시 검토할 필요가 있어 보여.

2 ◦ Don't get me wrong.

Don't get me wrong, I appreciate your input, but I think we need a different approach.

오해하지 말아요. 당신의 의견에 감사하지만, 다른 방식이 필요하다고 생각해요.

이 표현들도 모두 상대방을 배려하면서 솔직하게 의견을 전달하려는 의도를 담고 있다. 하지만 마찬가지로, 말하는 사람의 태도와 맥락에 따라 진정성 있게 들릴 수도, 방어적으로 들릴 수도 있다.

결국 중요한 건 표현 자체보다 전달하는 방식과 상황이다. No offense, but... 이 나쁜 표현인 것도 아니고, Don't take it personally.가 항상 좋은 표현인 것도 아니다. 어떤 말을 하느냐보다 어떻게 말하느냐, 그리고 왜 그렇게 말하고 싶은지를 스스로 인식하고 있느냐가 더 중요하다. 비즈니스 상황에서는 때로는 불편한 이야기도 해야 하고, 정직한 피드백도 필요하다. 그럴 때 우리는 적절한 표현을 고르고, 말의 온도를 조절하고, 상대방의 입장에서 한 번 더 생각해보는 언어 감각이 필요하다.

6

부재중 메시지도
센스 있게 써야 진짜 프로

직장 생활을 하다 보면 가끔 "OOO(Out of Office)"라는 자동 응답 이메일을 받게 되는 일이 있다. 짧고 무표정한 한 줄 메시지. 보낸 입장에서는 순간 멈칫하게 된다. 부재중 메시지가 이렇게 단순히 "나 지금 없음"만을 알리는 데 그쳐서는 곤란하다.

I am out of the office. 저는 지금 사무실에 없습니다.
I am on vacation. 휴가 중입니다.
I'm out, please wait. 나가 있으니 기다려 주세요.

이런 메시지를 보면 되려 궁금한 점만 남는다.
'그래서 언제 돌아오는 거지?', '급한 일이 생기면 누구한테 연락하지?'

자동 응답이라도 정보는 명확하게, 대처 방법은 구체적으로, 문장은 정중하게 작성하는 것이 중요하다.

좋은 부재중 메시지에는 다음 세 가지 핵심 정보가 반드시 포함되어야 한다.

- **부재 기간**: 언제부터 언제까지 자리를 비우는지
- **이메일 확인 여부**: 휴가 중에도 이메일을 확인할 수 있는지
- **대체 연락처**: 긴급 상황에 누가 대신 처리할 수 있는지

이 세 가지를 충실히 담으면, 아래와 같이 자연스럽고 매끄러운 자동 응답 메시지가 완성된다.

> Hello,
> Thank you for your email. I am currently out of the office until August 14, 2025, with limited access to email.
> For urgent matters, please contact David Lee at david.lee@company.com or call me directly on my mobile at +82-10-1234-5678.
> I will get back to you as soon as possible upon my return.
> Best regards,
> Jane Kim

> 안녕하세요, 메일 감사합니다. 저는 현재 2025년 8월 14일까지 자리를 비우고 있으며, 이메일 확인이 제한적입니다.
>
> 긴급한 용무가 있으시면 데이비드 리(david.lee@company.com)에게 연락해 주시거나, 제 휴대폰 +82-10-1234-5678로 연락 주시기 바랍니다.
>
> 복귀 후 최대한 빠르게 회신드리겠습니다.

이처럼 필요한 정보를 정확하게 담은 메시지를 남기면 상대방도 편하고, 나도 마음 놓고 자리를 비울 수 있다. 자동 응답 메시지라고 해서 무성의하게 써도 되는 건 아니다. 짧은 메시지 하나지만, 그 안에 내가 얼마나 꼼꼼하고 배려 있는 사람인지가 드러난다.

7

모르면 은근히 민망한 숫자 표현의 함정

777,777,777,777,777

이 숫자, 바로 읽을 수 있는가? 생각보다 쉽지 않다. 비즈니스 영어에서 숫자 사용은 의외로 중요하다. 보고서, 이메일, 프레젠테이션처럼 숫자가 자주 등장하는 문서에서는 숫자를 정확히 읽고 전달하는 능력이 곧 전문성과 직결된다. 작은 실수 하나가 오해를 불러일으킬 수 있기 때문이다. 이 장에서는 비즈니스 상황에서 숫자를 읽고 쓰는 방법을 실용적으로 정리해본다.

◦ 01 ◦
숫자 읽기의 기본 원리

영어에서 숫자를 읽을 때는 쉼표(,)를 기준으로 구간을 나누어 읽는 것이 기본이다.

7,000 → seven thousand

7,000,000 → seven million

7,000,000,000 → seven billion

숫자가 커질수록 단위는 thousand(천) → million(백만) → billion(십억) → trillion(조) 순으로 올라간다. 이 단위들을 미리 익혀두면 큰 숫자도 훨씬 수월하게 읽을 수 있다.

또 한 가지 기억해둘 점은 -s의 유무이다. 예를 들어 millions of people(수백만 명)처럼 막연한 다수를 말할 때는 -s를 붙이지만, 정확한 수를 말할 때는 붙이지 않는다. 즉, seven million(700만)이 맞는 표현이다.

◦ 02 ◦
숫자 읽기 예시

1 ◦ 기본 숫자

7 → seven

45 → forty-five

295 → two hundred (and) ninety-five

2 ∘ 큰 숫자
큰 숫자는 쉼표 단위로 끊어 읽는 것이 핵심이다.

3,120 → three thousand one hundred (and) twenty

74,320 → seventy-four thousand three hundred (and) twenty

683,430 → six hundred (and) eighty-three thousand four hundred (and) thirty

3 ∘ 복잡한 숫자
8,276,340 → eight million two hundred (and) seventy-six thousand three hundred (and) forty

435,698,210 → four hundred (and) thirty-five million six hundred (and) ninety-eight thousand two hundred (and) ten

이처럼 큰 숫자를 읽을 때는 쉼표 기준으로 단위를 끊고, 필요할 경우 and를 활용하면 보다 자연스럽다.

03

비즈니스에서 자주 쓰는 숫자 표현

비즈니스 영어에서는 연산, 퍼센트, 소수점, 짝수/홀수 표현 등도 자주 등장한다. 아래는 대표적인 예시이다.

1 ○ 소수점

1.67 → one point six seven

1.89 → one point eight nine

2 ○ 퍼센트

30% → thirty percent

3 ○ 기본 연산

7 + 5 = 12 → seven plus five equals twelve

9 - 4 = 5 → nine minus four equals five

6 × 3 = 18 → six times three equals eighteen

이러한 표현은 회의나 보고서에서 자연스럽게 등장하므로 정확한 표현법을 익혀두는 것이 중요하다.

○ 04 ○
숫자 사용 시 주의할 점

숫자를 쓸 때 특히 유의해야 할 몇 가지 포인트가 있다.

1 ○ 쉼표마다 끊어 읽기

1,075,200,000

▸ **One billion, seventy-five million, two hundred thousand**

숫자가 클수록 구간을 분명히 나눠야 의미 전달이 정확하다.

2 ○ 단위 명확히 사용하기

숫자 뒤에 단위를 정확히 덧붙이는 것이 중요하다.

7,400,000 downloads

▸ **We reached a total of seven million, four hundred thousand downloads.**

총 740만 건의 다운로드를 달성했습니다.

3 ○ 큰 숫자는 and로 자연스럽게 연결하기

$125,600

▸ **The project cost is estimated at one hundred twenty-five thousand and six hundred dollars.**

프로젝트 비용은 약 125,600달러로 추산됩니다.

비즈니스 영어에서 숫자를 정확하게 읽고 쓰는 능력은 단순한 스킬을 넘어, 신뢰와 전문성의 지표가 된다. 중요한 수치일수록 단위와 구간을 명확히 구분해 표현하고, 실수를 줄이는 습관을 들이자. 특히 프로젝트 비용, 예산, 매출, 다운로드 수처럼 숫자가 메시지의 핵심이 되는 경우, 숫자를 다루는 태도가 전체 커뮤니케이션의 인상을 좌우할 수 있다.

8

꼭 알아둬야 할
이메일 주소 읽는 법

"Could you share your email?"

(이메일 주소를 알려 주실 수 있나요?)

이 질문은 비즈니스 영어에서 정말 흔하게 들린다. 문제는, 이 간단한 질문에 대답하는 일이 생각보다 쉽지 않다는 것이다. 특히 전화 통화 중에 영어로 이메일 주소를 말해야 할 때 — 스펠링도 말해야 하고, 특수 기호도 정확히 발음해야 하니 순간 머릿속이 새하얘진다.

영어권에서는 이메일 주소를 정확히 전달하는 게 기본 중의 기본이다. 하지만 한국에서는 '@'를 '골뱅이', '.'을 '쩜'이라고 말하는 데 익숙해서, 그대로 말해버리면 상대방이 전혀 못 알아듣는 일이 생긴다.

예를 들어 john.doe@example.com이라는 이메일 주소가 있다면, 이걸 영어로는 이렇게 읽는다. John dot Doe at example dot com. 여기서 dot은 마침표(.), at은 골뱅이(@)를 뜻한다. '쩜'이나 '골뱅이'라고 말하면 전혀 통하지 않는다.

또 하나 자주 나오는 기호가 밑줄(_)이다. 한국에서는 '언더바'라고 말하지만, 영어에서는 underscore라고 읽는다. jane_doe@company.com 같은 주소는 Jane underscore Doe at company dot com이 정확한 표현이다.

대시(-)는 dash라고 읽는다. 그러니까 sarah_connor-123@gmail.com은 Sarah underscore Connor dash one two three at gmail dot com처럼 말하는 게 자연스럽다.

이런 식으로 이메일 주소를 하나하나 끊어서 정확히 말하면 상대방도 실수 없이 받아 적을 수 있고, 다시 확인하는 번거로움도 줄일 수 있다. 한 가지 덧붙이자면, 'email'은 명사이면서도 동사로도 쓰인다. "메일 보낼게요."를 영어로 자연스럽게 말하고 싶다면 "I'll email you." 이렇게 말하면 된다. 굳이 send an email이라고 길게 표현할 필요 없다. 물론, "I sent you an email."처럼 명사로도 쓸 수 있고, "Today I received three emails."처럼 복수형으로도 자주 쓴다.

메일 주소 하나 정확히 읽는 게 뭐 그리 대수냐고 생각할 수도 있다. 하지만 막상 실무에서는, 메일 주소 하나 잘못 불러줘서 자료를 못 받거나, 회신이 안 되거나, 계약서가 잘못 전달되는 일도 실제로 생긴다.

그리고 이런 사소한 실수들이 자주 쌓이면 결국 일을 깔끔하게 못 한다는 인상으로 이어질 수 있다. 작지만 꽤 중요한 것. 이메일 주소 하나만큼은 자신 있게, 또렷하게 말할 수 있어야 진짜 프로다.

> **TIP**
>
> ### 쉽게 이메일 주소 읽는 법
>
> ❶ 이메일 주소에 자주 쓰이는 기호
> @ = at (엣)
> . = dot (닷)
> _ = underscore (언더스코어)
> - = dash (대쉬)
>
> ❷ 이메일 주소 읽기
> Email Address: sarah_connor-123@gmail.com
> Sarah underscore Connor dash one two three at gmail dot com
> 서라 언더스코어 코너 대쉬 원 투 쓰리 엣 지메일 닷 컴

9

사내 메신저,
너무 짧은 답변은 실례일까?

사내 메신저는 빠르게 주고받을 수 있다는 점에서 정말 유용하다. 이메일보다 가볍고, 속도감도 있다 보니 말투도 점점 짧아진다. 우리말의 "넵", "ㅇㅋ", "확인요"에 해당하는 단답형 표현이 일상처럼 쓰인다. 그런데 메신저라고 해서 항상 짧게만 답하는 게 센스 있는 건 아니다. 특히 요청을 받거나, 일을 진행하는 입장에서 너무 짧은 답변은 자칫 무성의하거나 책임감 없어 보일 수 있다. 업무 내용이 포함되어 있다면 더더욱 그렇다.

예를 들어, 누군가 "자료 오늘 안에 부탁드릴게요."라고 보냈다고 하자. 그에 대한 답으로 "Got it."만 남기면, 그걸 본 상대는 이런 생각이 들 수도 있다. '언제쯤 줄 건가?', '진짜 하긴 하는 걸까?', '까먹는 거 아

닌가?'

짧은 표현이 오히려 불안감을 남길 수 있다는 얘기다. 그럴 땐, 정말 간단한 한 줄만 더 추가해보자. 예를 들어 이렇게 말하면 어떨까?

Got it — I'll take care of this by EOD.
알겠습니다. 오늘 근무시간이 끝나기 전까지 처리하겠습니다.

같은 '확인했습니다'라는 뜻이지만, 이 한 문장만으로도 '일정 공유 + 책임감 + 안심'까지 한 번에 전달된다. 꼭 거창한 표현일 필요는 없다. 한 줄, 두 줄이면 충분하다.

Got it — will send the final version by 3 PM.
확인했습니다. 오후 3시까지 최종본 보내겠습니다.

Thanks — I'll update the slides and let you know when it's done.
감사합니다. 슬라이드 수정하고 완료되면 말씀드릴게요.

Will do. Let me know if there's anything I should prioritize.
진행하겠습니다. 우선적으로 확인할 부분이 있다면 말씀 주세요.

이처럼 짧으면서도 핵심이 담긴 말투는, 속도와 정중함, 효율과 신뢰감을 모두 갖춘 대화 방식이다. 물론 모든 메시지에 길게 답할 필요는 없다. "Got it, thanks!" 정도로도 충분한 상황도 많다. 하지만 중요한 요청이 오갔거나, 일정이 걸린 일이라면 그저 '확인했다'는 말만으론 부족하다. 누가 언제 무엇을 할 것인지가 분명히 전달되는 말투가 필요하다. 결국 메신저도 일의 연장선이고, 짧은 문장 하나로도 그 사람의 일하는 태도가 보인다. 다음에 "Got it."을 보낼 때, 그 한 줄 뒤에 누군가의 불안이 생기진 않을까를 떠올려보자. 그리고 아주 짧게라도 그 걱정을 덜어주는 문장을 붙여보자. 그게 바로, 일을 잘하는 사람들의 말투 습관이다.

10

비즈니스 상황에서
자주 쓰는 영어 줄임말

처음 외국계 회사에 들어갔을 때였다. 메일을 열었더니 'FYI'로 시작하는 문장들이 눈에 띄었다. 하나는 "FYI, the meeting has been rescheduled to tomorrow at 10:00 AM."였고, 또 하나는 "Just FYI, the report you requested is now available."였다.

'이거 뭐지? 파이? 휘? 누구 이름인가?' 순간 그렇게 생각했다.

알고 보니 FYI는 For Your Information, 그러니까 '참고로'라는 말이었다. 그날 이후로 비즈니스 이메일에서 'FYI'는 말 걸기 전에 미리 던지는 한 마디처럼 자주 보이기 시작했다.

줄임말은 그때 처음 당황했지만, 알고 보니 정말 많이 쓴다. 심지어 영어 잘하는 사람들도 회사 처음 들어오면 한 번쯤은 헷갈리는 구간이다. 그런데 몇 개만 익혀두면 이메일, 회의록, 채팅 속도가 확 달라진다.

예를 들어, 메일 끝에 "Please send me the file ASAP."라고 적혀 있으면 As Soon As Possible, 즉 "가능한 한 빨리 파일을 보내 주세요."라는 뜻이다. 특히 ASAP는 '정말 급하다'라는 뉘앙스까지 실려 있어서, 메시지 톤이 공손하더라도 우선순위를 빨리 조정해야 할 때가 많다.

누군가 대화 중에 "IMO, we should wait before launching."이라고 말하면 In My Opinion, 즉 "그냥 제 생각엔요, 출시 전에 좀 더 기다리는 게 좋을 것 같아요." 정도로, 조심스럽게 의견을 꺼낼 때 쓰인다. 공식 발표가 아니라는 점에서 오히려 솔직하고 부드럽게 들린다.

또 회의 도중 "BTW, I've already informed the client." 같은 말이 나오면 By The Way, 즉 "그건 그렇고, 고객에게는 이미 전달했습니다."라는 뜻이다. 이야기 흐름을 잠깐 바꾸거나, 생각난 걸 자연스럽게 덧붙일 때 쓰인다. 이 표현 하나만 잘 써도, 말을 훨씬 부드럽게 이어갈 수 있다.

문서 작업 중엔 ETA도 자주 등장한다. "What's the ETA for the delivery?"라고 하면 Estimated Time of Arrival, 즉 "도착 예정 시간은 언제인가요?"라는 뜻이다. 배송 업무든 출장 일정이든, 예상 시간 말할 때 이 말 한마디면 끝이다.

회의 마감 일정도 줄임말로 정리된다. "Let's finish this by EOD."는 "오늘 퇴근 전까지 이걸 끝내죠."란 뜻이다.

"Reports are due by EOM."은 "보고서는 이번 달 말까지 제출해야 합니다."란 뜻이다. EOD(End of Day), EOM(End of Month), 단순한 줄임말이지만 업무 흐름을 정리해준다.

최근에는 재택근무가 일상이 되면서 "WFH today" 같은 표현도 자주 쓴다. WFH는 Work From Home의 줄임말로, 즉 "오늘은 재택근무 중입니다."라는 뜻이다. 슬랙이나 메신저 상태 메시지에 짧게 붙여두면, 따로 설명할 필요도 없다.

고객과의 관계를 다룰 때는 CRM이라는 단어가 따라붙는다. Customer Relationship Management, 즉 고객 정보를 저장하고 추적하는 시스템이나 전략을 말한다. "Please update the CRM after the call."은 "통화 후 시스템을 꼭 업데이트하세요."라는 말이다. 모든 일이 시스템 안에 기록되는 게 당연한 요즘, 이 한 줄도 큰 실수 방지의 시작이다.

보고서나 기획서에 SWOT 분석이 들어가면, 그건 Strengths, Weaknesses, Opportunities, Threats의 약자이다. 강점, 약점, 기회, 위협—이 네 가지를 나눠 분석하는 기법인데, 다음 프로젝트를 설득력 있게 제시할 때 쓰면 설득력이 확 올라간다.

기업의 사회적 책임을 뜻하는 CSR(Corporate Social Responsibility)도 보고서에 자주 나온다. "Next CSR project will support local schools."(다음 CSR프로젝트는 지역 학교들을 지원할 예정입니다.)라는 말로, 사회 환원 프로젝트 역시 기업의 브랜드 이미지 관리에서 중요한 요소다.

비즈니스 영어 줄임말은 결국 속도와 효율을 위한 언어다. 처음에는 어색하게 느껴지고, 눈에 익기까지 시간이 조금 걸릴 수 있다. 하지만 자주 듣고 쓰다 보면 어느새 FYI도, EOD도 자연스럽게 입에 붙는다. 이제 이메일이나 회의 속 줄임말들이 더 이상 낯설지 않기를 바란다. 짧은 표현 하나가 당신의 말하기와 쓰기를 더 날카롭고, 더 스마트하게 바꿔줄 것이다.

일잘러로 등극하는
비즈니스 영어 수업

초판 1쇄 인쇄 2025년 7월 4일
초판 1쇄 발행 2025년 7월 18일

지은이 백원정

발행인 김태웅
편집 황준, 안현진
디자인 어나더페이퍼
마케팅 총괄 김철영
마케팅 서재욱, 오승수
온라인 마케팅 이송인
인터넷 관리 김상규
제작 현대순
총무 윤선미, 안서현, 문송이
관리 김훈희, 이국희, 김승훈, 최국호

발행처 ㈜동양북스
등록 제2014-000055호
주소 서울시 마포구 동교로22길 14 (04030)
구입 문의 전화 (02)337-1737 팩스 (02)334-6624
내용 문의 전화 (02)337-1739 이메일 dymg98@naver.com

ISBN 979-11-7210-122-0 13740

※ 이 책은 저작권법에 의해 보호받는 저작물이므로 무단 전재와 무단 복제를 금합니다.
※ 잘못된 책은 구입처에서 교환해드립니다.
※ 도서출판 동양북스에서는 소중한 원고, 새로운 기획을 기다리고 있습니다.
　　http://www.dongyangbooks.com